AI 트랜스포메이션

AI 트랜스포메이션

1판 1쇄 발행 2025년 3월 28일

지은이 케이트리
펴낸이 장성두
펴낸곳 주식회사 제이펍

출판신고 2009년 11월 10일 제406-2009-000087호
주소 경기도 파주시 회동길 159 3층 / **전화** 070-8201-9010 / **팩스** 02-6280-0405
홈페이지 www.jpub.kr / **투고** submit@jpub.kr / **독자문의** help@jpub.kr / **교재문의** textbook@jpub.kr

소통기획부 김정준, 이상복, 안수정, 박재인, 송영화, 김은미, 나준섭, 배인혜, 권유라
소통지원부 민지환, 이승환, 김정미, 서세원 / **디자인부** 이민숙, 최병찬

기획 및 진행 송영화 / **교정·교열** 한홍 / **내지 디자인** 이민숙 / **내지 편집** 남은순 / **표지 디자인** nu:n
용지 에스에이치페이퍼 / **인쇄** 한승문화사 / **제본** 일진제책사

ISBN 979-11-94587-05-7 (03320)
책값은 뒤표지에 있습니다.

제이펍은 여러분의 아이디어와 원고를 기다리고 있습니다. 책으로 펴내고자 하는 아이디어나 원고가 있는 분께서는
책의 간단한 개요와 차례, 구성과 지은이/옮긴이 약력 등을 메일(submit@jpub.kr)로 보내주세요.

TRANSFORMATION

인공지능 도입을 위한 단계별 실전 가이드

AI 트랜스포메이션

케이트리 지음

AI 트랜스포메이션을 고민하는 것은 곧 '우리 조직은 어떻게 AI를 도입하고 변화할 것인가?'라는 질문에 대한 답을 찾아가는 과정입니다. 누구나 고민하지만, 좋은 답을 찾는 것은 쉽지 않습니다. 특히, 지식과 경험을 모두 갖춘 사람만이 올바른 방향을 제시할 수 있습니다. 이 책은 그런 좋은 답을 엿볼 수 있는 책입니다. 저자는 AI 트랜스포메이션이 단순한 기술 도입이 아니라 조직 전반에 걸쳐 일어나는 변화라는 점을 강조하며, 이를 단계적으로 이해하고 실행할 수 있도록 돕습니다. AI를 조직에 적용하는 것이 새로운 도구의 도입이 아니라, 새로운 철학과 변화의 과정임을 깊이 있게 다루고 있습니다. AI 트랜스포메이션을 어떻게 접근해야 할지, 어디서부터 시작해야 할지 고민하는 리더와 전략 설계자라면 이 책을 반드시 읽어야 합니다. AI 도입의 길을 함께할 든든한 동반자가 되어줄 것입니다.

장영철, 前)삼성전자 CIO

최근 전 세계적으로 AI는 단순한 기술 혁신을 넘어 미래 산업을 선도할 핵심 동력으로 주목받고 있습니다. 각국 정부가 국가 차원의 AI 성장 전략을 수립하며 실행에 속도를 내고 있는 가운데, AI는 이제 기술자들만의 관심사가 아니라 경영진, 전략가, 다양한 산업 분야의 임직원들이 반드시 이해해야 할 주제가 되었습니다. 많은 사람들이 생성형 AI나 AI 모델링 같은 특정 기술 영역에만 집중하지만, AI를 조직에 성공적으로 도입하고 실질적으로 활용하려면 보다 넓은 시야에서 전략적 접근이 필요합니다. 이 책은 바로 그 점에서 빛을 발합니다. AI 도입의 전반적인 과정을 체계적으로 다루며, 실행 단계에서 고려해야 할 핵심 요소와 논의해야 할 주제를 명확하게 제시합니다. AI 도입을 고민하는 리더들에게 이 책은 조직의 미래를 설계하는 데 유용한 참고서가 될 것입니다. 기술적인 깊이를 강요하지 않으면서도 전략적이고 실용적인 통찰을 제공하기 때문에, AI를 처음 접하는 경영진이나 실무자도 부담 없이 접근할 수 있습니다. AI 도입 전략을 고민하는 경영진과 리더들에게 이 책을 추천합니다. 변화의 흐름 속에서 올바른 방향성을 찾고자 한다면, 이 책이 좋은 가이드가 되어줄 것입니다.

최정덕, 前)포스코그룹 임원

AI에 대한 관심이 날로 높아지고 있지만, IT 기업이 아닌 다른 산업군에서는 여전히 AI 도입의 방향성을 잡는 데 어려움을 겪고 있습니다. 빠르게 변화하는 기술 환경 속에서, AI를 조직에 어떻게 적용할지 고민하는 기업에는 현실적이고 체계적인 가이드가 필수적입니다. 이 책은 IT 분야에서 오랜 경험을 쌓아온 저자가 AI라는 복잡한 주제를 쉽게 풀어내며, 명확한 방향성을 제시합니다. 특히 AI 도입을 단순한 기술적 구현이 아닌, 조직의 전략과 연결된 문제로 접근하는 점이 돋보입니다. AI 도입 과정에서 고려해야 할 요소와 단계별 실행 방안을 큰 그림으로 이해하고자 하는 경영진에게 적합한 책입니다. 조직이 AI를 효과적으로 활용해 실질적인 가치를 창출하려면 무엇을 준비해야 하는지, 그리고 그 과정에서 놓치기 쉬운 핵심 요소는 무엇인지에 대한 깊이 있는 통찰을 제공합니다. AI 도입을 고민하는 경영진에게 필독서가 될 것입니다.

이기호, Azwellplus 대표이사

좋은 실용서는 단순히 정보를 나열하는 데 그치지 않고, 실제로 스며들어 독자의 사고와 행동을 변화시키는 살아 있는 지식을 담고 있어야 합니다. 이 책이 바로 그런 실용서입니다. 저자의 많은 경험과 통찰을 바탕으로 구성된 내용은 독자에게 단순한 이론이 아닌, 생동감 있는 배움의 기회를 제공합니다. 단순한 개념 설명을 넘어 현실과 연결된 실질적인 지식을 전달한다는 점에서 더욱 특별합니다. 특히 AI에 대한 사전 지식이 없는 사람에게도 쉽게 이해될 수 있도록 구성되어 있다는 점이 인상적입니다. 지식을 많이 가진 사람은 흔하고, 지식과 경험을 모두 갖춘 사람도 찾을 수 있지만, 이를 비전문가에게 명확하게 설명할 수 있는 사람은 드뭅니다. 그런 점에서 저자는 매우 귀한 역량을 갖춘 전문가이며, 이 책은 AI를 처음 접하는 독자들에게도 문턱을 낮춰주고 있습니다. AI를 잘 모르지만 도입을 고민하는 경영진,

리더, 실무자라면 반드시 읽어야 할 책입니다. 누군가 AI를 고민하고 있다면 주저 없이 이 책을 선물하고 싶습니다.

윤민혁, 넥스트미디어그룹 CEO

"이제는 AI 없이 일하는 모습을 상상하기조차 어렵습니다." 최근 한 고객사에서 들은 이야기입니다. 저 역시 이 말에 동감합니다. AI가 생산성을 향상시켜줄 것을 믿고 저도 AI를 도입하기 위해 많은 노력을 기울여 왔습니다. 만약 과거로 돌아갈 수 있다면, 이 책을 들고 과거의 나에게 건네고 싶습니다. 제가 AI를 도입하며 겪었던 수많은 고민과 그 해답, 그리고 지금도 여전히 유효한 깊이 있는 제언들이 이 책에 담겨 있기 때문입니다. AI 도입 과정에서 저자가 강조하는 내용은 단순한 이론이 아닙니다. 직접 경험하지 않으면 그 중요성을 실감하기 어려울 수도 있지만, 시행착오를 거쳐온 입장에서 보면 하나하나가 공감될 수밖에 없습니다. 이 책을 일찍 접할 수 있는 독자들이 부럽습니다. AI 도입의 출발점에 서 있는 사람이라면 반드시 읽기를 권합니다.

이기호, 키스톤마케팅컴퍼니 CEO

이 책은 AI 트랜스포메이션에 대해 막연히 궁금해하는 일반 독자를 비롯
해 구체적인 실행 방안을 찾고 있는 경영진, 사업 전략가, 비즈니스 전문가
에 이르기까지 다양한 독자층을 대상으로 한다. 나는 AI가 기술 전문가만
의 영역이 아니라는 사실을 강조하고 싶다. 지금 이 순간에도 AI는 우리 주
변에서 일어나는 변화를 주도하며, 그 변화의 중심에는 바로 당신이 있다.

　AI에 대해 기술적 배경 지식이 없더라도 걱정할 필요는 없다. 이 책은 비
전공자도 쉽게 이해할 수 있도록 AI 트랜스포메이션의 전략적 설계 방법을
설명한다. 기술적인 코드나 복잡한 알고리즘이 아니라, AI를 효과적으로 활
용하여 혁신적인 조직의 성장을 이끌어내기 위해 필요한 것들과 그 전략적
인 접근 방법을 다룬다. 그러므로 AI에 대한 깊이 있는 기술적인 이해나 생
성형 AI를 더 잘 활용하는 방법을 제공하지는 않는다. 따라서 AI의 기술적
구현을 위한 코드나 자료, GPT와 같은 생성형 AI만을 살펴보려는 독자에게
는 적합하지 않을 수 있다. 그러나 일반적인 기업에서 활용할 수 있는 AI의
적용 전략을 살펴보며 AI 트랜스포메이션을 더 잘 이해하고 싶다면 이 책이
유용할 것이다.

여러분은 이 책을 읽으며 새로운 세상을 향해 첫걸음을 내디딜 수 있을 것이다. AI가 가져올 변화는 더 이상 피할 수 없는 현실이며, 이를 어떻게 활용할 것인가는 독자의 선택에 달렸다. 이 책을 통해 AI를 더욱 친근하게 느끼고, 비즈니스의 강력한 도구로 활용할 수 있게끔 돕고자 한다. AI 트랜스포메이션은 단순히 기술적인 혁신이 아니라, 조직의 운영 방식과 비즈니스 전략을 근본적으로 변화시키는 과정이기 때문이다.

한편, AI의 기술적인 면보다는 전략적 접근 방법에 집중할 수 있길 바란다. 기술적인 지식이 없어도, AI 트랜스포메이션의 큰 그림을 이해하고 실제로 적용하는 데 필요한 지식을 얻을 수 있다. 이 책은 AI를 두려워하지 않고 더 나은 비즈니스 결과를 창출할 수 있다는 자신감을 불어넣어줄 것이다. AI를 전략적으로 활용하고, 비즈니스 혁신을 이끌어내고자 하는 모든 독자에게 큰 도움이 될 것이라 믿는다. AI 트랜스포메이션의 가치와 필요성을 깨닫고, 이를 통해 실질적인 인사이트를 얻길 진심으로 바란다.

책을 쓰면서 어떻게 쉽게 설명할 수 있을지를 고민하면서 나에게도 큰 배움의 시간이 되었다. 집필하는 과정에서 많은 분의 도움과 지지에 감사를 표한다. 특히 비전공자에게도 쉽게 다가갈 수 있도록 많은 노력을 기울였다. AI 기술이 비즈니스 혁신의 도구가 되는 과정을 설명하면서 기술적 용어와 복잡한 설명을 최대한 배제하고자 했다. 그 대신, 일상적인 언어로 AI의 전략적 활용법을 전달하려 노력했다. 이 책이 AI에 대한 새로운 관점과 가능성을 열어주는 기회가 되길 바란다.

AI 트랜스포메이션에 대한 필자의 열정을 지지해준 아내와 양가 부모님들께 감사의 말을 전하고 싶다. 또한 이 책이 나올 수 있도록 집필을 제안한 제이펍의 대표님과 편집자, 디자이너, 감수를 도와준 모든 분께 깊은 감사를 드린다. 이 책이 독자의 여정에 작은 도움이 되기를 바란다. 집필 시 이해를 돕기 위한 삽화를 그리거나 문장 및 단어를 수정하는 작업에 생성형 AI를 일부 활용하였으며, 이 책의 판매 수익금에서 생성형 AI의 기여만큼 사회에 환원할 예정이다.

AI가 비즈니스와 삶에 긍정적인 변화를 가져오길, 이 책이 AI에 대한 새로운 시각과 전략적 인사이트를 제공하여 조직과 독자의 성장에 중요한 역할을 하길 진심으로 바란다.

케이트리

AI 트랜스포메이션:
왜 중요한가

인간의 삶에 영향을 주는 기술은 여러 가지가 있다. 하지만 향후 10년간 삶의 모든 부분에 영향을 미칠 기술은 AI일 것이다. AI는 특정 산업군에서만 사용되는 기술이 아니다. 모빌리티, 금융, 보안, 통신, 건설 등등 사용되지 않는 산업을 찾기가 어려울 정도로 폭넓게 영향을 미친다. 그 이유는 AI의 특성과 연관이 있는데, 즉 데이터를 패턴화할 수 있는 모든 분야에 적용할 수 있다는 점이다. 그리고 그 특성 때문에 AI를 사용하기가 어렵다. 그런 이유로 비즈니스 혁신과 수익 창출을 위해서는 AI 트랜스포메이션 전략을 잘 설계하고 실행해야 한다. 이 책에서는 AI 트랜스포메이션의 전략의 필요성과 전략 수립 단계, 그 방법을 논할 것이다. 이를 통해 AI를 활용하기 위한 전략을 살펴보자.

AI 트랜스포메이션 전략의 필요성

AI 트랜스포메이션 전략을 살펴보려면 우선 AI 트랜스포메이션이 무엇인지 알아야 한다. AI 트랜스포메이션은 다양한 분야에서 여러 방면으로 논의되는데, 이 책에서 **AI 트랜스포메이션**은 다음과 같은 의미를 지닌다.

AI 기술과 시스템을 조직(회사 국가 등)의 다양한 측면에 구현하고 통합하여 비즈니스(비즈니스 모델, 프로세스, 조직 문화 등)를 근본적으로 바꾸는 것

요즘 많이 언급되는 디지털 트랜스포메이션은 IT 기술에 초점을 둔다면, AI 트랜스포메이션은 AI 기술에 초점을 맞춘다. 따라서 이 책은 다양한 IT 기

술보다는 AI와 관련된 기술을 중심으로 한다. 많은 회사에서 디지털 트랜스포메이션을 언급하고 실행하지만, 사실상 AI 트랜스포메이션을 염두에 두는 경우도 적지 않다. AI 기술은 IT 기술의 하위 분야이기 때문에 디지털 트랜스포메이션은 AI 트랜스포메이션을 포함한다고 할 수 있다. 그런데도 AI 트랜스포메이션을 따로 살펴보는 이유는 일반 IT 기술과 AI 기술이 다르기 때문에 전략 수립 면에서 방향성에 차이가 나기 때문이다.

그렇다면 AI 트랜스포메이션 전략을 수립해야 하는 이유는 무엇일까? 전략 없이 AI 트랜스포메이션을 성공적으로 이끌기란 매우 어렵기 때문이다. 첫째, 방향성이 없으면 목표와 구체적인 계획을 수립할 수 없다. 무엇을, 어떻게 해야 할지 모호하기 때문이다. 둘째, 우선순위를 설정하기 어렵다. 전략 없이도 무엇을 해야 하는지 어떻게든 정했다고 해도, 실행할 때 어떤 과제를 먼저 처리해야 할지 혼란이 생기고, 결국 효율적인 진행이 불가능하다. 이는 사람, 시간, 자본과 같은 자원의 낭비로 이어질 수 있다. 마지막으로, 실행력이 떨어진다. 전략이 없으면 조직이 일관된 목표 아래 한 몸처럼 움직이기 어렵고, 각 팀 간 이해관계 충돌로 인해 실행 속도가 느려질 가능성이 크다. 그렇기 때문에 AI 트랜스포메이션을 효과적으로 실행하려면 체계적이고 명확한 전략이 반드시 필요하다.

AI 트랜스포메이션의 전력투구 필요성

AI 트랜스포메이션이 무엇이고, 왜 전략이 필요한지 이해했다면, 이제 그 당위성에 대해 살펴보자.

왜 AI 트랜스포메이션이 필요할까? 앞으로의 미래를 극단적으로 표현하자면, AI 트랜스포메이션을 수행하지 못하는 대부분의 기업이 생존하기 어려울 것이다. AI 트랜스포메이션에 실패한 조직은 경쟁에서 밀려나 선두 주자가 되기 힘들다. 이는 단순히 AI의 영향력 문제를 넘어 기업의 이익과 직결된 사안이다. 따라서 AI 트랜스포메이션에 전력투구해야 한다.

남들보다 앞서려면 두 가지가 필요하다. 경쟁자들이 가지 않는 새로운 길을 찾거나, 경쟁자들이 따라잡을 수 없을 만큼 빠르게 움직이는 것이다. AI 트랜스포메이션은 이러한 목표를 달성하기 위한 비즈니스 혁신 방법을 제시하고 프로세스를 빠르게 재편할 수 있는 도구다. 따라서 AI 트랜스포메이션을 성공적으로 수행한 기업들의 사례를 분석하며, 왜 반드시 추진해야 하는지 확인해보자.

대표적인 AI 트랜스포메이션 사례

AI 트랜스포메이션은 현대 비즈니스 환경에서 더 이상 선택이 아닌 필수 전략이다. 빠르게 변화하는 시장에서 인공지능 기술을 통해 경쟁 우위를 확보하고 혁신적인 솔루션을 개발하는 데 관심을 가지고 있지만, 얼마나 강력한 효과를 발휘하는지 잘 모르는 경우가 많다. 여기서는 AI 트랜스포메이션이 성공을 이끌어내는 데 왜 불가결한 요소인지 사례를 통해 살펴보겠다.

구글의 AI 트랜스포메이션

먼저 구글Google이 어떻게 AI 트랜스포메이션을 통해 지금의 구글이 되었는지 살펴보자. 현재 구글은 매우 거대한 글로벌 조직이지만, 처음에는 작은 차고에서 시작했다. 1900년대 후기부터 2000년대 초기, 검색 서비스 시장의 점유율은 야후Yahoo가 최강자였고 그 뒤를 라이코스LYCOS나 마이크로소프트의 MSN이 뒤따르는 형국이었다. 그랬는데 단 10년 만에 구글이 시장을 독점하다시피 하고 나머지 검색 서비스는 남은 점유율을 쪼개서 유지하는 형국이다. 후발 주자였던 구글은 어떻게 10년 만에 검색 서비스 시장을 장악할 수 있었을까? 그 비결은 AI에 있다.

과거에 인류는 정보를 온라인(인터넷)이 아니라 오프라인에서 생성하고 소비했다. 하지만 인터넷이 발족되고 인터넷 서비스가 발전을 거듭하면서 수많은 정보가 생성되었다. 그러면서 원하는 정보를 적재적시에 인터넷에서 찾아주는 서비스에 대한 니즈가 커졌다. 정보가 너무 많아서 정작 내가 원하는 정보를 찾는 데 시간이 오래 걸렸던 것이다. 이러한 니즈를 간파하고, 초기에 야후와 같은 서비스가 검색을 기반으로 한 서비스를 출시해서 폭발적으로 성장했다. 그때 래리 페이지Larry Page가 페이지랭크PageRank라는 알고리즘을 만들었다.* 이 알고리즘을 세르게이 브린Sergey Brin과 함께 실제 인터넷에서 잘 작동하는지 검증하고자 서비스를 시작했고, 꽤 좋은 반응을 얻었다.

그렇다면 페이지랭크 알고리즘은 무엇일까? 페이지랭크는 AI 알고리즘의 한 종류로, 중요한 정보는 많이 참조reference될 것이고 이 참조를 활용해서 정보의 중요도를 랭킹화ranking할 수 있다는 것이다. 다시 말해, 누군가가 논리적으로 주장할 때 신뢰할 만한 정보일수록 근거로서 더 많이 차용된다는 뜻이다. 이처럼 많이 참조되면 중요한 정보라는 생각은 우리의 직관과 일

---

* 래리 '페이지'가 만든 알고리즘이 '페이지'랭크인 것은 누가 만들었는지 명시적으로 알려주기도 한다.

치하며 이해하거나 설명하기에도 쉬운 접근 방법이다. 이 AI 알고리즘을 비즈니스에 활용하여 실제로 좋은 효과를 얻었고, 래리 페이지와 세르게이 브린은 구글을 설립했다. 구글의 검색 알고리즘은 지금도 페이지랭크의 아이디어가 이어지고 있는 것으로 널리 알려져 있다.

당대 검색 서비스 1위였던 야후는 왜 구글의 독주를 막지 못했을까? 야후는 AI 트랜스포메이션을 하지 못했기 때문이다. 당시 야후는 정보를 인덱싱indexing(데이터의 구조를 정리하고 이를 검색하기 쉽게 만드는 과정)하고 있었다. 검색하려는 질문에 적절한 응답을 해야 하므로, 야후에서는 분류 체계를 만들고 어떤 정보인지 사람이 직접 인덱싱해서 이를 기반으로 정보를 보여주는 서비스를 구축했다. 초기에는 매우 잘 작동하는 것처럼 보였다. 그 당시 인터넷에서 발생하는 정보는 사람이 수작업으로 처리할 수 있을 정도의 양이었다. 사람이 직접 처리했기 때문에 오류도 적었고 양질의 정보를 제공할 수 있었다.

그러나 정보가 폭발적으로 증가하면서 문제가 발생했다. 사람이 직접 정보를 처리하여 검색하기 쉽도록 목록화하다 보니 사람의 속도보다 정보가 더 빨리 생산되면 처리할 수가 없었다. 처리되지 못한 정보가 점점 쌓이면서 사람을 추가로 고용해야 했고, 다시 미처리된 정보가 쌓이면 추가로 고용해야 하는 악순환이 반복된 것이다. 최신의 정보가 검색 서비스에 반영되지 못하면서 사용자는 원하는 정보를 따로 찾아야 했다. 구글은 AI를 적절하게 잘 활용하여 이러한 지연latency 문제를 해소했기에 알맞은 정보를 제때 제공할 수 있었다. 결국 초기에 열정적인 환호를 받았던 야후는 인터넷 시장이 성숙해감에 따라 점점 외면당했고, 구글에 점유율을 빼앗겼다.

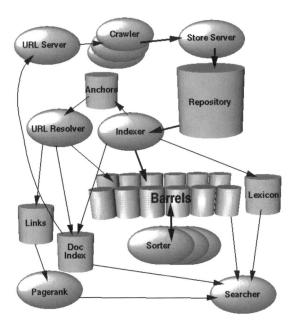

그림 1-1 구글 창업자인 세르게이 브린과 래리 페이지가 논문에서 공개한 구글의 검색 구조의 추상화한 그림. 인덱스 위주의 기존 검색 체계와는 달리, 페이지랭크라는 알고리즘이 검색 엔진에 직접적으로 영향을 주는 모습을 볼 수 있다. 논문에는 직접적으로 확장성에 대한 내용이 언급되어 있어 세르게이 브린과 래리 페이지가 AI의 가능성을 일찌감치 알았다는 사실을 짐작할 수 있다.*

사실 야후는 구글을 인수할 기회가 있었다. 그런데 래리 페이지와 세르게이 브린이 만든 스타트업을 야후가 가격이 높다는 이유로 거절했던 것이다. 결과적으로 오늘날 구글은 야후와 비교할 수 없을 정도로 압도적인 기업으로 성장했다.

여기서 두 가지 교훈을 얻을 수 있다. 하나는 AI 트랜스포메이션이 산업

* 이미지 출처: Brin, Sergey, and Lawrence Page, "The anatomy of a large-scale hypertextual web search engine", *Computer networks and ISDN systems* 30.1–7 (1998): 107~117. https://research.google/pubs/the-anatomy-of-a-large-scale-hypertextual-web-search-engine/

의 판도를 뒤바꿀 만큼 강력한 힘을 지닌다는 점이고, 다른 하나는 조직 리더의 전략적 판단이 잘못되면 아무리 잘나가는 기업이라도 언제든 몰락할 수 있다는 사실이다. 리더가 AI 트랜스포메이션에 미치는 영향은 뒤에서 더 자세히 다루겠다.

구글은 AI 기술을 선제적으로 도입하고 AI 트랜스포메이션을 적극적으로 추진했다. 반면, 야후는 기존의 방법을 고수하며 적절한 시기에 AI 트랜스포메이션을 시도하지 못했다. 그 결과는 오늘날의 모습에서 명확히 드러난다.

이처럼 AI 트랜스포메이션은 신생 기업에는 새로운 기회가 되며, 기존 기업에는 생존을 좌우하는 위협을 의미한다. 이는 단순한 선택의 문제가 아니라 기업의 존속이 달린 중요한 과제다.

· ·

인덱싱(indexing)

도서관에서 책을 쉽게 찾을 수 있도록 제목, 저자, 주제별로 카드를 정리하는 것과 비슷한 개념이다. 수많은 책이 있는 도서관에서 원하는 책을 빠르게 찾으려면 책이 어디에 있는지 알려주는 체계적인 정리 방법이 필요하다. 이와 마찬가지로 컴퓨터 시스템에서도 방대한 데이터 속에서 필요한 정보를 빠르게 찾아내기 위해 데이터를 정리하고 목록을 만드는 과정을 '인덱싱'이라고 한다.

예를 들어 온라인 쇼핑몰에서 특정 상품을 검색할 때 인덱싱이 잘되어 있으면 시스템은 필요한 정보를 즉시 찾아서 보여줄 수 있다. 하지만 인덱싱이 되어 있지 않거나 제대로 관리되지 않으면 원하는 상품을 찾는 데 시간이 오래 걸릴 수 있다. 이렇듯 인덱싱은 데이터를 빠르고 효율적으로 검색할 수 있도록 돕는 중요한 과정이다.

지연(latency)

인터넷에서 웹페이지를 클릭했을 때 페이지가 즉시 열리지 않아 기다리는 시간이 바로 지연이다. IT에서는 시스템이 어떤 요청을 처리하는 데 걸리는 시간을 말한다.

지연이 발생하는 이유는 다양하다. 예를 들어 인터넷 연결이 느리거나 서버가 과부하 상태에 있거나 요청이 처리되기까지 여러 단계를 거쳐야 하는 경우 등이 있다. 지연이 길어지면 사용자는 불편함을 느끼고, 시스템의 효율성도 떨어진다. 따라서 지연 시간을 줄이는 것은 시스템 성능을 향상시키는 중요한 요소다.

· ·

아마존과 넷플릭스의 AI 트랜스포메이션

이번에는 아마존과 넷플릭스의 성공 요인을 AI 트랜스포메이션의 관점에서 살펴보자. 이 두 글로벌 기업 역시 구글처럼 작은 아이디어에서 시작했다.

아마존과 넷플릭스가 초기에 제공한 가치는 동일했다. '온라인으로 제품 경험을 제공하겠다'는 것이 핵심이었다. 아마존Amazon은 도서에 대한 온라인 판매를 시작으로 음악, 비디오, 소프트웨어, 게임, 장난감 등 다양한 상품으로 사업을 확장했다. 넷플릭스Netflix 역시 영화를 중심으로 서비스를 제공하다가, 이제는 콘텐츠를 직접 제작하는 거대한 미디어 기업으로 성장했다.

이 과정에서 두 기업은 필연적으로 고객의 니즈를 탐구하고 충족시키는 방법을 끊임없이 고민하며 발전해왔다. 과거에는 오프라인 매장에서 점원이 고객과 직접 소통하며 니즈를 파악하고 적절한 제품을 추천했다. 하지만 온라인에서는 이러한 상호작용이 쉽지 않다.

예를 들어 오프라인 매장에서 면도기를 판매할 때 고객이 선택할 수 있는 면도기의 종류는 매장의 크기에 따라 달라진다. 대형 매장이라면 다양한 면도기를 구비할 수 있지만, 매장의 크기가 작다면 선택지가 제한될 수밖에 없다. 마찬가지로 오프라인 매장은 장소와 비용의 제약으로 인해 카달로그, 입간판, 직원 등 고객에게 제공할 수 있는 서비스도 제한적이기 때문에 정보 제공량에도 한계가 있다.

반면, 온라인의 경우에는 웹 페이지만 하나 더 개설하면 상품 정보를 무제한으로 제공할 수 있어 장소와 비용의 제약에서 자유롭다. 그러나 이로 인해 정보와 선택지가 지나치게 많아져 고객이 오히려 혼란을 겪을 위험이 있다.

이처럼 온라인에서 특정 '제품'을 '누군가'에게 제공하는 것은 단순한 일이 아니다. '누군가(고객)'의 선호와 니즈를 먼저 파악하고, 그들이 원하는 '제품'이나 '제품에 대한 정보'를 적절한 시점에 제공해야 하기 때문이다. 이를 위해선 제공할 수 있는 다양한 '제품의 종류'와 고객의 '선호'에 대한 정보를 효과적으로 활용하는 시스템이 필요하다.

넷플릭스와 아마존은 이러한 문제를 해결하기 위해 AI 기반 추천 시스템을 도입했다. 두 기업은 방대한 상품 정보와 고객 데이터를 효과적으로 필터링하여 고객이 혼란에 빠지지 않도록 돕는 데 있어 선도적인 역할을 하고 있다. 넷플릭스는 콘텐츠 추천, 아마존은 상품 추천 분야에서 각각 탁월한 성과를 거두며 미국을 대표하는 혁신 기업으로 자리 잡았다.

특히 아마존은 고객의 니즈needs와 원츠wants를 충족시키기 위해 방대한 상품군 중에서 적절한 제품을 적절한 고객에게 추천하는 시스템을 구축해왔다. 예를 들어 아마존의 플랫폼에서는 하나의 제품군(예: 면도기)만 하더라도 수천 가지 종류와 판매 옵션을 제공한다. 이처럼 수많은 상품이 입점해 있기 때문에 다양한 선택지 속에서도 고객에게 맞는 제품을 추천하기 위해 아마존은 일찍이 **협업 필터링**collaborative filtering과 같은 AI 기술을 빠르게 도입했다.

2003년 발표한 논문*에서 아마존은 아이템(제품) 기반 추천 시스템을 구축하여 성과를 거뒀음을 공개했다. 논문의 작성과 승인 과정에 걸리는 시간을 고려할 때, 이미 그 이전부터 AI 기술을 활용해 의미 있는 결과를 도출

---

* G. Linden B. Smith and J. York, "Amazon.com recommendations: item-to-item collaborative filtering", in *IEEE Internet Computing* vol. 7, no. 1 pp. 76~80. Jan.–Feb. 2003. doi: 10.1109/MIC.2003.1167344. https://ieeexplore.ieee.org/document/1167344

그림 1-2 아마존에서 2003년 논문에서 공개한 AI 기반 추천 시스템의 예시. 이미 논문 공개 전부터 아이템(제품) 기반 추천 시스템을 구축했음을 알 수 있다. 이는 아마존이 AI 기반의 상품 추천을 통해 자사 비즈니스 성과를 성장시켰다는 근거로 볼 수 있다.

했음을 알 수 있다. 그만큼 빨리 AI를 비즈니스에 도입한 것이다.

결국 AI는 사람이 감당할 수 없는 수준의 데이터와 고객 관리를 가능하게 하며, 고객의 니즈를 더욱 빠르고 정확하게 파악해 적절한 상품을 추천할 수 있는 강력한 도구로 자리 잡았다.

만약 아마존이 AI를 활용하지 않았다면 고객에게 적절한 상품을 추천하는 데 부담을 느껴 음악, 비디오, 소프트웨어, 게임, 장난감 등의 제품을 폭넓게 유치하는 일을 게을리했을 수도 있다. 제품이 너무 많으면 어떤 제품을 고객에게 제공할지 고르는 데 인력을 투입해야 할 테고, 이는 많은 시간과 자본이 들기 때문이다. 아마존은 AI를 사용하여 고객에게 적절한 제품을 추천할 수 있었기에 고객에게 제공할 제품의 종류뿐 아니라 플랫폼까지 공격적으로 확장할 수 있었다. 원하는 제품을 쉽게 구매하는 경험을 한 고객은 아마존을 떠날 수 없었다.

이 과정에서 아마존은 자연스럽게 소프트웨어 역량을 쌓아 현재 세계에서 손꼽는 클라우드 서비스를 운영하며, 당연히 AI 서비스도 탑재하고 있다.

넷플릭스 또한 아마존과 마찬가지로 공포 영화, 멜로 영화, 하이틴 드라마 등 제공하려는 콘텐츠(제품)의 장르가 다양해서 적절한 콘텐츠를 골라서 제공하기가 어려웠다. 고객의 니즈를 잘 파악하여 추천해야 하는 문제에 직면하면서, 넷플릭스 또한 AI에서 해결책을 찾았다. 넷플릭스는 내부에서 AI를 개발하면서 동시에 넷플릭스 프라이즈Netflix Prize라는 대회를 2006~2009년에 운영하며 외부의 AI 개발 역량을 모아 자사의 추천 시스템에 적용했다. 이러한 노력의 결과, 현재 넷플릭스는 AI 추천 시스템을 잘 활용하는 조직으로 손꼽힌다. 넷플릭스의 성공에는 수많은 요인이 있지만, AI를 잘 활용해서 고객이 보고 싶어 하는 콘텐츠를 적절하게 추천한다는 데는 이견이 없다.

아마존과 넷플릭스는 사람이 사람에게 추천하거나 인기가 높은 상품을

그림 1-3 넷플릭스에서 공개한 넷플릭스 프라이즈 대회의 홈페이지 모습. 외부의 AI 역량을 모아서 자사의 AI 시스템 역량 향상에 도입하려고 하는 성공적인 시도 중 하나였다. 이는 넷플릭스가 AI의 가능성과 이를 자사의 비즈니스에 결합하려고 진지하게 시도했다는 증거다.*

---

*   이미지 출처: https://www.thrillist.com/entertainment/nation/the−netflix−prize

단순하게 추천해주는 기존의 방식과는 달리, AI 기술을 이용하여 추천 시스템을 구현하여 프로세스를 근본적으로 변화시켰으며 추천 시스템 외에도 리뷰, 유통, 결제 등 다양한 비즈니스 요소를 AI로 혁신한 대표적인 AI 트랜스포메이션 조직이다. 만약 아마존과 넷플릭스가 오프라인을 온라인으로 바꾸는 비즈니스 모델만 혁신하고, AI 트랜스포메이션을 통한 프로세스를 근본적으로 바꾸지 못했다면 지금의 아마존과 넷플릭스는 없었을 것이다.

여기서 한 가지 교훈을 얻을 수 있다. 비즈니스를 성공시키는 데 비즈니스 모델의 혁신만이 중요한 것은 아니라는 점이다. 비즈니스 모델의 혁신 전략을 수립하는 것만으로는 부족하고 AI 트랜스포메이션으로 실행 전략을 세울 필요가 있다. 예를 들어 아마존과 넷플릭스는 비즈니스 모델의 혁신 전략이 '오프라인에서 제공되던 제품과 콘텐츠를 온라인으로 제공하자'였다면 '어떻게 제공할 수 있는가?'에 대한 답이 실행 전략이어야 한다. 그 답은 'AI 트랜스포메이션을 통해 근본적인 변화를 꾀한다'는 것으로, 세부 실행 로드맵은 추천 리뷰(악의적 리뷰 판단 등), 유통(빠른 물류 시스템 구축 등) 등이 될 것이다.

아마존과 넷플릭스는 당면한 문제 해결을 위해 AI 트랜스포메이션을 적극적으로 수행했다. 기존의 오프라인 서점과 영화관은 기존의 방법을 포기하지 못하고 비즈니스 모델을 혁신한 아마존과 넷플릭스에 추월당했다. 아마존과 넷플릭스도 AI 트랜스포메이션이 아니었다면 비즈니스 모델의 혁신을 어떻게 현실화할 수 있는지 답을 찾지 못해 결과가 달라졌을 수 있다. 이처럼 AI 트랜스포메이션은 현대 조직에 비즈니스 모델 혁신과 더불어 매우 중요한 과제다.

니즈(needs)

사람들이 기본적으로 필요로 하는 것들을 의미한다. 예를 들어 음식, 의복, 주거와 같은 생존에 필수적인 것이 니즈에 해당된다. 즉, 기본적인 필요를 충족시키는 것이다.

원츠(wants)

사람들이 가지고 싶어 하거나 하고 싶어 하는 것이다. 반드시 필요한 것은 아니지만 사람들에게 더 큰 만족감을 줄 수 있다. 예를 들어 같은 음식이라도 기본적인 식사(니즈) 대신 고급 레스토랑에서의 특별한 식사(원츠)를 원할 수 있다. 니즈와 달리 개인의 취향이나 욕망에 따라 달라진다.

협업 필터링(collaborative filtering)

주로 온라인 추천 시스템에서 사용되는 기술이다. 예를 들어 넷플릭스나 유튜브에서 사용자가 좋아할 만한 영화를 추천하거나, 아마존에서 사용자가 구매할 가능성이 높은 상품을 추천할 때 사용하는 기술이다.

협업 필터링은 다른 사용자들의 행동과 선호도를 분석하여 비슷한 취향을 가진 사용자에게 제공한다. 예를 들어 특정 영화나 상품을 좋아한 다른 사람들의 데이터를 분석한 후 비슷한 취향을 가진 사람이 좋아했던 영화나 상품을 추천하는 방식이다.

이 방법은 개인의 과거 행동이나 평가를 바탕으로 한 것보다 정확할 수 있다. 이를 통해 사용자들은 자신이 미처 알지 못했던 새로운 콘텐츠나 제품을 발견할 수 있다.

마이크로소프트의 AI 트랜스포메이션

마이크로소프트Microsoft는 윈도우 출시 이후 승승장구하는 조직 중 하나다. 이 기업도 AI 트랜스포메이션을 통해 비즈니스 성장을 꾀하고 있다. 이미 윈도우로 인해 크게 성장했지만, 마이크로소프트는 비즈니스를 확장하며 많은 시도를 했다. 그리고 그 과정에서 실패도 많이 겪었다.

구글은 검색 시장을 석권하면서 크롬, 지메일, 구글 드라이브 등을 연달아 선보이며 고객 경험을 혁신하여 락인lock-in에 성공했다. 이로 인해 구글 팬이 늘어났고, 이제는 전 세계적으로 몇몇 국가를 제외하고는 인터넷에서 구글을 빼놓을 수 없다. 아마존은 도서를 넘어 다양한 물품을 거래할 수 있는 전자상거래 플랫폼으로서 굳건히 자리 잡았다. 유휴 장비들(사용하고 있지 않은 장비들)을 활용한 클라우드 사업에서도 승승장구하여 IT 조직의 환경을 온프레미스on-premises(실제 보유하고 있는 물리적 서버)에서 클라우드 환경(물리적 서버는 별도로 존재하며 원격 접속하여 사용하는 논리적 서버)으로 전환하는 혁신에도 성공했다. 그 외에도 다양한 IT 조직이 혁신을 이어가며 공룡조직으로 성장하기 시작했다.

마이크로소프트도 윈도우 출시 이후 꾸준히 업데이트하며 사용자를 락인하여 윈도우 시장을 구축하고 파워포인트, 엑셀 등 업무에 도움이 되는 툴을 연달아 론칭하여 성공했지만, 그 밖의 시장에서는 시장 리더가 되지 못했다. 소비자는 야심차게 론칭한 마이크로소프트 팀즈Microsoft Teams보다는 슬랙이나 노션을 사용했고, MSN보다는 구글을 택했으며, 인터넷 익스플로러보다는 크롬을 선호했다. 이런 상황을 극복하기 위해 마이크로소프트가 선택한 전략이 AI 트랜스포메이션이었다.

마이크로소프트는 고객 경험의 혁신을 바탕으로 성공한 기업이다. 윈도우가 등장하기 전, PC는 그래픽 사용자 인터페이스graphical user interface, GUI를 제공하지 않아 사용자 친화적이지 않았다. 당시 사용자는 작업을 수행하기 위해 오로지 명령어를 입력해야 했으며, 입출력 등의 기능을 직관적으로 이해할 수 있는 아이콘이나 시각적 요소는 거의 없었다. 지금과 같은 형태의 개인 PC가 자리 잡는 데는 윈도우가 큰 공을 세웠다. 따라서 다시 한번 고객 경험을 혁신하여 성공을 도모했다. 이를 위해 마이크로소프트는 오픈AIOpenAI에 대규모로 투자했다. 지금은 챗GPTChatGPT로 유명하지만 당시에는 소수의 연구자들 사이에서만 알려진 회사였다. 이러한 조직에 10억 달러(한화 약 1조 원)의 투자를 감행한 것은 매우 큰 결단이었다. 그 결과,

챗GPT를 선보이면서 전 세계 AI의 판도가 변화하기 시작했다. 최근에는 100억 달러(한화 약 12조 원)의 추가 투자를 감행하여 더 큰 변화를 꾀하기도 했다. 그렇다면 구체적으로 어떤 변화를 만들려고 하는 것일까?

마이크로소프트는 윈도우를 기반으로 파워포인트, 엑셀, 워드, 원드라이브 등 오피스365의 다양한 도구를 통해 전 세계적으로 큰 성공을 거두었다. 그러나 검색 시장에서는 구글에 밀려 고전을 면치 못했다. 이를 극복하기 위해 기존의 라이브 검색과 인수한 파워서치 기술을 결합하여 빙Bing이라는 검색 서비스를 야심차게 선보였다. 최근에는 빙에 오픈AI의 기술을 접목하여 다시 한번 고객 경험의 혁신을 이루고자 노력하고 있다.

또한 빙챗BingChat은 기존 검색 경험과는 달리 대화하듯 질문하고 답을 얻을 수 있는 형태로 구축했다. 예를 들어 기존에 서울의 수도를 검색하려면 '대한민국의 수도'를 입력하고 검색 결과로 나온 웹 페이지를 참조하여 답을 찾았다면, 이제는 '대한민국의 수도는?'이라고만 해도 '서울'이라는 답을 얻을 수 있다. 빙챗은 2024년 상반기 기준 마이크로소프트 엣지(웹 브라우저)나 빙 애플리케이션 등에서 사용할 수 있다.

물론 아직은 완벽한 답을 주는 것은 아니라서 사용할 때 유의해야 하지만, 대화하듯 질문해서 답을 얻을 수 있다는 것은 놀라운 경험이다. 앞으로 기술이 더욱 발달해서 검색 경험에서 혁신을 경험하면 소비자는 마이크로소프트를 떠날 수 없을 것이다.

이러한 혁신은 마이크로소프트의 다양한 제품에도 반영되고 있다. 예를 들어 기존에는 엑셀에서 데이터를 다룰 때 함수를 사용하여 직접 명령해야 했다면, 이제는 탑재된 AI를 활용하여 대화하듯이 지시해도 원하는

그림 1-4 빙에서 '대한민국의 수도는?'이라고 물어본 결과. 예전에는 질문에 대한 답을 얻으려면 검색해서 나온 결과물을 살펴 직접 판단해야 했다면, 이제는 사용자가 검색 서비스와 상호작용하면서 이용하는 혁신을 만들어냈다(이미지 출처: https://www.bing.com/).

결과를 얻을 수 있다. 한편 발표를 위해 조사하고 PPT로 정리하는 과정도 AI가 초안 작업을 해주므로 시간과 노력을 절감할 수 있다. 이처럼 마이크로소프트는 기존의 툴에 AI를 접목하여 사용 경험을 혁신하고자 전략을 세우고 있다.

마이크로소프트는 AI 기술을 직접 개발하는 한편, 외부의 뛰어난 기술 업체와 전략적 관계를 구축하여 해결하기도 했다. AI 트랜스포메이션은 주도적으로 실행할 수 있지만, 외부 제휴를 통해서도 기술을 접목할 수 있음을 입증했다. 마이크로소프트와 같은 기업은 후발 주자에게 추월당하지 않도록 핵심 제품의 품질을 관리하는 것만으로도 어려운 일이다. 그러므로 매우 뛰어난 기술을 보유한 조직에 투자하여 전략적으로 기술 역량을 확보하는 것도 AI 트랜스포메이션의 한 방법이다. 이처럼 AI 트랜스포메이션은 다양한 형태로 가능하며, 핵심은 AI 기술을 활용한 비즈니스의 근본적 변화임을 잊어서는 안 된다.

. . . .

락인(lock-in)

특정 기술, 제품, 또는 서비스에 대한 의존이 심화되어 다른 옵션으로 쉽게 전환할 수 없는 상태를 말한다. 예를 들어 한 회사가 특정 소프트웨어나 플랫폼을 도입하면 관련된 데이터, 프로세스, 기술 지원 등이 해당 플랫폼에 맞춰진다. 이러한 의존성 때문에 다른 플랫폼으로 전환하는 데 많은 시간과 비용이 들어 어려움을 겪는 상황을 가리킨다.

그래픽 사용자 인터페이스(graphical user interface, GUI)

GUI는 컴퓨터와 사용자가 상호작용하는 방식을 시각적으로 제공하는 인터페이스를 말한다. 쉽게 말해 컴퓨터, 스마트폰, 태블릿 등에서 사용하는 화면과 그 안에 있는 아이콘, 버튼, 메뉴 등의 시각적 요소가 모두 GUI에 해당한다. 예를 들어 마우스를 사용해 폴더를 열거나 스마트폰에서 앱 아이콘을 터치하는 행위는 GUI를 이용한 상호작용이다. GUI는 복잡한 명령어를 입력하지 않아도 직관적으로 기기를 사용할 수 있도록 설계되어 사용자 편의성을 크게 향상시켰다.

유휴 장비(idling equipment)

유휴 장비는 사용되지 않고 가동 중단 상태로 있는 장비를 의미한다. 회사나 개인이 보유한 컴퓨터, 서버, 프린터 등의 IT 장비가 본래 역할을 수행하지 않고 놀고 있는 상태일 때 이를 유휴 장비라고 말한다. 예를 들어 서버가 밤 시간대나 주말 동안 사용되지 않은 채 켜져 있다면, 이는 유휴 장비에 해당한다. 유휴 장비는 자원을 낭비하고 불필요한 유지 비용을 발생시키기 때문에 이를 효율적으로 관리하는 것이 중요하다.

클라우드(cloud)

클라우드는 인터넷을 통해 데이터를 저장하고, 애플리케이션을 실행하며, 다양한 IT 서비스를 제공하는 방식을 말한다. 클라우드를 사용하면 개인용 컴퓨터나 서버에 데이터를 직접 저장하지 않고, 인터넷을 통해 원격 서버에 데이터를 저장하거나 소프트웨어를 사용할 수 있다. 예를 들어 이메일 서비스(Gmail, Outlook 등)나 사진 저장 서비스(구글 드라이브, 아이클라우드 등) 등이 클라우드 기술을 활용한 대표적인 사례다. 클라우드는 데이터 접근성을 높이고 장비 유지 부담을 줄여주는 장점이 있다.

. . . .

좋은 전략 vs 나쁜 전략

AI 트랜스포메이션이 무엇이며 비즈니스에 얼마나 효과적인지, 몇 가지 사례를 통해 살펴보았다. 이제는 AI 트랜스포메이션이 비즈니스 혁신에 기여한다는 사실을 대부분이 인정하지만, 이를 통해 무엇을 얻을 수 있고 무엇을 얻을 수 없는지, 그리고 효과적인 AI 트랜스포메이션 전략을 어떻게 세울 수 있는지 명확히 설명한 책은 없다. 이번 장에서는 AI 트랜스포메이션 전략을 수립하는 방법과 이를 실행하기 위해 필요한 각 단계를 상세히 논의하고자 한다. 먼저, 좋은 전략과 나쁜 전략에 대해 알아보는 것으로 시작하겠다.

좋은 전략

우선 좋은 전략이 무엇인지에 대한 정의가 필요하다. 좋은 전략은 목표를 달성하기 위한 방향과 행동을 '적절하게' 제시하는 것이다. 좋은 전략은 실현 가능하고, 차별적이며, 일관성이 있고, 집중적이라는 특성을 지닌다.

실현 가능한 전략이란, 가용한 자원과 역량을 고려하여 현실적으로 달성 가능한 목표를 설정하는 것을 말한다. 아무리 좋은 전략이라고 해도 현실적으로 달성하지 못하면 아무 소용이 없다. 특히, 현실적으로 달성하지 못할 목표를 설정한 뒤에 외부 공표만 하는 경우 전략은 그저 공허한 구호로 끝날 뿐이다. 최근 AI 도입으로 비즈니스 효과를 본 사례가 늘면서 국내의 많은 기업에서도 AI 트랜스포메이션을 외치고 있다. 하지만 실제로는 역량 부족, 전략 부재, AI 트랜스포메이션을 위한 전 단계(데이터화, 인력 확보 등)조차 갖추지 못한 경우가 흔하다.

조직이 현재 보유한 역량과 AI 트랜스포메이션을 통해 얻을 수 있는 효과를 면밀히 분석하고, 실현 가능한 목표를 설정하는 것이 매우 중요하다. 달성 불가능한 목표는 물론이고, 실행은 가능하더라도 효과가 없는 변화 역시 의미가 없다. 따라서 조직의 강점과 약점, 기회와 위협을 파악하여 이를 바탕으로 목표와 전략을 세워야 한다.

수많은 사람들이 세계 최고가 되겠다고 선언한다고 해도, 실제 세계 최고는 단 한 명뿐이다. 이 점을 명심하며, 전략 수립 시에는 현실적으로 실현 가능하면서도 최대한의 성과를 도출할 수 있는 목표를 설정해야 한다.

좋은 전략은 반드시 **차별적**이어야 한다. 다른 조직과 뚜렷하게 구별되는 전략을 수립하거나, 동일한 전략이라면 더 빠르고 뛰어난 성과를 목표로 해야 한다. 차별적인 전략은 다른 조직이 쉽게 따라 할 수 없기 때문에 고유한 가치를 지닌다. 심지어 동일한 전략을 채택하더라도, 경쟁 조직보다 월등히 뛰어난 성과(비용 절감, 성능 등)를 달성해야 진정한 차별화를 이룰 수 있다. 또한, 조직의 자원과 역량이 경쟁 조직에 비해 월등히 뛰어나다면 이를 최대한 활용해 격차를 더욱 벌릴 수도 있다.

좋은 전략의 세 번째 특성은 **일관성**이다. 전략을 수립할 때 다양한 시나리오를 검토하며 변화에 유연하게 대응할 준비가 필요하지만, 전략의 핵심을 흔들림 없이 유지해야 한다. 유행을 쫓아 방향을 바꾸는 것은 오히려 실패로 이어질 가능성이 크다.

예를 들어 AI가 트렌드이고 경쟁사가 AI를 도입하는 데 조바심이 나서, AI에 대한 이해도가 낮은 전략가가 AI 트랜스포메이션 전략을 서둘러 수립한다고 가정해보자. 시간이 지나 유행이 변하거나 AI에 대한 관심이 줄어

들면, 그 전략가는 또 다른 트렌드를 쫓기 시작할 것이다. 이는 AI에 본질과 가능성을 제대로 이해하지 못한 상태에서 유행만 따라가기 때문이다. 더욱이, 경쟁사가 새로운 기술이나 트렌드를 내세우기 시작할 때 이를 따라가지 않으면 뒤처진다는 불안감에 사로잡혀 전략의 일관성을 잃을 가능성도 크다. 이는 우스꽝스러워 보이지만 실제로도 흔히 발생하는 일이다. 따라서 일관된 전략을 유지하는 것은 조직의 성공을 위해 필수적이다.

AI에 대한 충분한 이해 없이 AI 트랜스포메이션 전략을 수립하면 그럴듯한 그림과 로드맵을 그리며 스스로 만족할지 모르지만, 실제로는 유행을 쫓는 겉치레에 불과한 전략이 될 가능성이 크다. 핵심은 AI 트랜스포메이션 전략을 수립할 때 반드시 AI의 본질과 가능성을 이해하는 것이다.

그렇다고 이 과정에서 반드시 AI 개발자 수준의 전문 지식이 필요한 것은 아니다. AI가 무엇을 할 수 있는지, 혹은 어떤 한계가 있는지 파악하는 것만으로도 충분히 의미 있는 전략을 세울 수 있다. 이런 기초적인 이해가 없다면, 전략은 실행 가능한 계획이 아니라 단지 그럴싸한 구호로 끝나버릴 위험이 크다.

마지막으로 좋은 전략은 **집중적**이어야 한다. 이는 핵심적인 목표에 집중하여 자원을 효율적으로 활용할 수 있다는 뜻이다. 조직이 가진 자원은 유한하다. 그래서 목표 달성을 위해서는 한정적인 자원을 잘 사용할 필요가 있다. 핵심 목표를 항시 잊지 않고 조직이 가진 자원을 객관적으로 분석하고 자원을 투입해야 최대한의 효과를 얻고 목표를 달성할 수 있다.

좋은 전략의 사례로 삼성전자를 들 수 있다. 삼성은 의복과 물류 사업에서 시작해 반도체의 가능성을 보고 삼성전자를 설립했다. 그리고 삼성전자는 반도체 기술을 확보하기 위해 전사의 역량을 결집하여 부단히 노력했다. 우선 다른 경쟁사들이 따라올 수 없을 만큼 기술 격차를 벌려 차별점을 확보했다. 삼성은 반도체 기술을 단순히 유행을 따르기 위해 선점한 것이 아니라, 미래를 내다보는 선구적인 안목으로 전략을 세웠다. 이를 통해 세계 최고의 반도체 회사로 도약하기 위해 일관적으로 노력했으며, 모든 역량을 집중해 기술력을 확보하는 투자를 아끼지 않았다. 또한, 해외 조직과의 합작을 통해 경쟁력을 강화했다. 그 결과 삼성전자는 세계적인 IT 기업으로 성장할 수 있었다. 삼성전자의 '초격차' 전략은 다른 조직들과 차별화되는 전략처럼 보일 수 있지만, 사실 실현 가능하고 차별적이며 일관되게 역량을 집중하는 좋은 전략의 특성을 모두 갖추고 있다.

나쁜 전략

지금은 파산한 노키아Nokia는 나쁜 전략의 예다. 어쩌면 노키아가 어떤 회사인지 아예 모를 수도 있다. 그만큼 노키아의 추락은 매우 가팔랐다. 1998년 노키아는 세계 1위 휴대폰 브랜드였고, 2011년까지 판매 대수 기준으로 세계 1위였다. 당시에 삼성의 판매량은 노키아의 절반도 되지 않았다. 하지만 돌연 2013년에 휴대폰 사업을 마이크로소프트에 매각했다. 세계 1위 조직이 단 몇 년 만에 몰락한 이유는 잘못된 전략을 세웠기 때문이다.

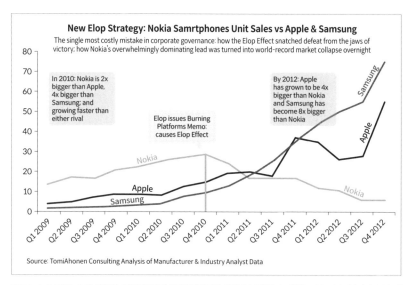

그림 2-1 노키아, 삼성, 애플의 2009년부터 2012년까지의 점유율 그래프. 노키아는 2011년 2분기까지 전 세계 1위 점유율을 차지했다. 노키아의 점유율이 2010년만 해도 애플보다 2배 더 컸으며 삼성 점유율의 4배였지만, 2012년에는 애플이 노키아보다 4배는 빠르게 성장하고 삼성은 8배 커졌다. 노키아는 심비아 OS를 고집했지만, 구글과 애플은 안드로이드 기반의 구글 플레이스토어와 iOS 기반의 애플 앱스토어로 시장을 장악하는 전략을 수립하고 실행했다.

아이폰이 iOS 앱스토어를 공개하고 iOS에서만 작동하는 생태계로 고객을 락인했을 때, 노키아는 단지 껍데기만 흉내낸 자체 앱스토어를 만들었다. 아이폰의 위협에도 불구하고 스마트폰 시장의 리더가 누구인지를 묻는 질문에 경영진은 여전히 '노키아'라고 답했던 점은 시사하는 바가 크다.* 노키아가 스마트폰 시장의 가능성을 제대로 인식하지 못했다는 것을 보여준다. 특히, 구글의 안드로이드 OS는 뛰어난 성능과 사용자 중심의 UI/UX를 제공하며 애플의 iOS에 대항마로 자리 잡았다. 하지만 노키아는 자체 스마트폰 OS를 개발할 생각 없이 기존 OS에 집착했다. 노키아는 자신이 스마트

---

*   https://zdnet.co.kr/view/?no=20120615145017

폰 시장의 리더라고 착각하며 단기적인 스마트폰 판매 목표만 설정하고, 경쟁에서 차별점을 만들지 못했던 것이다. 아이폰에 대항할 수 있는 스마트폰에 특화된 고객 경험을 제공하는 새로운 OS를 개발하지 않고 기존 OS만 고집하며 자사의 역량을 잘못 투입한 결과였다.

이처럼 전략은 조직의 흥망성쇠를 결정한다. AI 트랜스포메이션 전략도 마찬가지다. 잘못된 전략으로는 좋은 성과를 기대할 수 없다. 기술만으로 성과를 얻을 수 없듯이 전략만 있어도 성과를 얻을 수 없다. 하지만 좋은 전략이 없다면 비즈니스 성과를 얻는 것은 불가능하다. 좋은 전략은 성공을 위한 필수 요소이므로, 조직의 경영진이나 전략 부서 담당자는 이를 수립하고 실행하기 위해 지속적으로 노력해야 한다. 전략의 영향력을 충분히 이해하고 앞서 살펴본 좋은 전략의 특성을 고려하여, 단순히 유행을 따르기보다는 조직에 적합한 전략을 세워야 한다.

초격차
경쟁자와 비교하여 매우 큰 격차를 의미한다. 조직이나 제품이 경쟁자에 비해 압도적인 우위를 가지고 있을 때 사용하는 용어다. 예를 들어 기술력, 시장 점유율, 제품 품질 등에서 다른 경쟁자들이 따라잡기 어려울 만큼 큰 차이를 가리키는데, 주로 경영 전략에서 사용되며 일단 초격차를 형성하면 지속적으로 그 격차를 유지하는 것이 중요하다.

운영체제(operating system, OS)
컴퓨터나 스마트폰과 같은 기기를 작동시키는 기본 소프트웨어를 의미한다. 운영체제는 기기에서 여러 프로그램을 실행할 수 있도록 도와주며 하드웨어와 소프트웨어가 잘 작동할 수 있도록 관리한다. 예를 들어 컴퓨터의 윈도우와 맥 OS, 스마트폰의 iOS와 안드로이드가 대표적인 운영체제다.

사용자 인터페이스(user interface, UI)
사용자가 기기나 프로그램을 사용할 때 조작할 수 있는 화면이나 버튼 등의 요소를 말한다. 예를 들어 스마트폰 화면에서 앱 아이콘을 터치하거나 웹사이트에서 메뉴를 클릭하는 것이 모두 UI에 해당한다. UI는 사용자가 기기를 사용하는 과정에서 직접 접하는 부분이므로 보기 쉽고 사용하기 편리하게 디자인해야 한다.

사용자 경험(user experience, UX)

사용자가 어떤 제품이나 서비스를 사용할 때 느끼는 총체적인 경험을 말한다. 단순히 제품의 외관이나 기능뿐만 아니라 사용 과정에서 느끼는 모든 감정과 경험을 포괄한다. 예를 들어 어떤 웹사이트가 보기 좋고 사용하기 쉽다면 그 웹사이트의 UX가 좋다고 할 수 있다. UX는 사용자에게 긍정적인 경험을 제공하기 위해 매우 중요한 요소다.

iOS

애플에서 만든 운영체제로 아이폰, 아이패드와 같은 기기에서 사용된다. iOS는 애플 제품에 최적화되어 있으며 보안과 사용자 경험을 중요시하는 것이 특징이다. 사용자가 아이폰을 켜고 앱을 사용하는 과정에서 보는 대부분의 화면과 기능이 iOS에 의해 관리된다.

안드로이드(Android)

구글에서 개발한 운영체제로 삼성 등 다양한 제조사의 스마트폰과 태블릿에서 사용된다. 개방형 운영체제로 다양한 기기와 호환되며 사용자가 자유롭게 설정을 변경할 수 있는 유연성이 특징이다.

AI 트랜스포메이션의
혁신과 한계

많은 이들이 혁신을 외치지만, 정작 무엇을 혁신할 수 있는지 모르는 경우가 많다. 특히 AI 혁신을 강조하는 임원진이나 전략 및 기획 부서의 담당자도 AI에 대한 기본적인 이해조차 부족한 경우가 있다. 이로 인해 AI 전략의 필요성을 인식하지 못하거나, 이를 실제로 적용 가능한 문제를 파악하지 못한다. 조직의 방향을 결정짓는 의사결정을 맡은 사람들이 이러한 상황에 놓여 있다는 것은 매우 심각한 일이다.

물론 모든 사람이 AI를 깊게 이해할 필요는 없다. AI를 직접 개발하지 않는다면, 이를 기술적으로 완전히 이해하는 것은 비효율적이고 현실적으로도 어려운 일이다. 중요한 것은 AI를 통해 해결할 수 있는 문제와 비즈니스에 가져다줄 이점을 이해하는 것이다. AI를 기술적 관점이 아닌 비즈니스 변환과 혁신의 도구로 바라보는 것이 더 유용하다. 이 장에서는 AI 전략을 수립해 얻을 수 있는 이점과 해결 가능한 문제를 논하고자 한다.

AI를 한마디로 정의하면 '패턴을 감지하는 기술'이다. 패턴을 감지하려면 반드시 이를 학습할 데이터가 필요하며, 따라서 데이터를 패턴화할 수 있는 모든 분야에 적용할 수 있다. 이 특성 덕분에 AI는 많은 문제에서 혁신을 이끌어낼 잠재력을 가진다. 하지만 모든 문제를 해결할 수 있는 만능 도구는 아니다. 어떤 문제에서는 기대만큼의 효과를 가져오지 못하거나, 적용 자체가 어려울 수 있다. 이에 기반하여 AI가 가져올 수 있는 3O 혁신과 그와 대비되는 4N 한계에 대해 구체적으로 논의하고자 한다.

AI가 가져올 수 있는 3O 혁신

이 책 전반에서 AI에 대해 논하지만, 이 장은 정작 AI가 어떤 이점을 가져올 수 있는지 구체적으로 이해하지 못한 사람을 위한 내용이다. 이 장을 통해 AI를 깊게 알지는 못하더라도, AI를 사용해야 하는 이유와 활용법을 살펴볼 수 있다. 미래는 AI를 깊이 이해하는 사람보다 AI를 비즈니스에 효과적으로 활용하는 사람이 주도할 것이다. 이에 따라 AI가 가져올 수 있는 대표적인 세 가지 혁신인 3O에 대해서 논하고자 한다.

첫 번째 혁신, Out of The Box

여기서 말하는 '박스'는 일종의 틀로, 고정된 사고 패턴이나 일반적으로 인지하는 수행 가능한 범위를 의미한다. 즉, Out of The Box는 기존의 **'틀을 벗어난 혁신'**을 가리킨다. 우리는 종종 고정된 사고 패턴에 갇혀 새로운 아이디어나 해결책을 찾는 데 어려움을 겪는다. 이로 인해 혁신이 어렵게 느껴지곤 한다. 그러나 AI는 데이터를 기반으로 인간의 고정된 사고를 벗어나 패턴을 학습하며, 예상치 못한 해결책을 제시할 수 있다. 이는 인간의 한계를 넘어선 결과를 가져온다. 예컨대, 복잡하거나 기존에는 풀기 어려웠던 문제를 새로운 관점에서 접근하여 해결할 수 있다. 이러한 능력은 다양한 분야에서 혁신을 이끌어내고 새로운 가능성을 열어준다. 결국 AI는 수행 가능한 범위를 확장하며 고정관념을 벗어나 창의적으로 사고할 수 있도록 도와준다.

AI로 인해 의료 분야에서는 '의사만이 질병을 진단하고 치료 방법을 제안할 수 있다'는 기존의 고정관념이 깨지고 있다. 또한 AI 개발자가 질병 진단 및 치료 등에도 관여할 수 있다. 일례로 Merative*는 여섯 가지 카테고리로 의료 서비스 혁신에 기여한다. 첫째, 최신 정보에 입각하여 임상 결정을 지원한다. 둘째, 임상 데이터 수집 및 관리 시스템을 통해 임상 개발 영역을 지원한다. 셋째, 방사선과 심장학cardiology 등의 영상 이미지 분석을 지원한다. 넷째, 건강 데이터를 분석하여 맞춤형 의료 경험을 제공한다. 다섯째, 환자 참여 및 사회 서비스 제공을 현대화하여 전인적 진료를 지원한다. 여섯째, 보건 및 복지 서비스를 위해 정보를 제공한다. 이처럼 AI를 사용하면 진단부터 치료 분석을 포함해 의사만 가능했던 업무를 지원하는 일까지 가능하다.

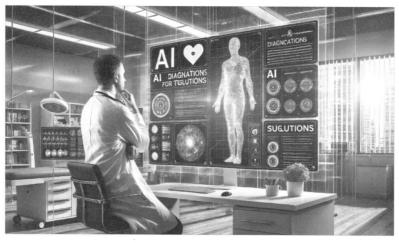

그림 3-1 Merative를 사용하는 개념적 예시. AI를 활용해서 의사만이 진단하고 치료할 수 있다는 고정관념을 깨고 진단이나 치료를 제안하여 인간 의사와 협력하는 모습의 예시(이미지 출처: 챗GPT)

---

* 과거 IBM의 Watson Health 사업의 일부로 독립 법인이 되었다. https://www.merative.com/

AI가 의료 분야에 도입되면서, '의사만이 질병을 진단하고 치료 방법을 제안할 수 있다'는 고정된 사고의 틀(박스)을 넘어 기존에는 불가능했던 일들이 가능해지고 있다. 실제로 AI 활용의 효과는 이미 입증되고 있다. Merative에 따르면, 미국 상위 10개 병원 중 9개, 상위 9개 건강 보험사 중 7개,《포춘》100대 조직의 40%, 35개 이상의 연방·주·지방 정부 기관, 그리고 상위 20개 생명과학 조직에서 Merative 솔루션을 도입해 AI를 통한 의료 혁신을 경험했다. 그 결과, 캘리포니아 소노마 시에서는 응급환자가 무려 32% 감소하는 성과를 거두었다.

이처럼 AI로 의사 한 명이 치료할 수 있는 것보다 더 많은 환자를 돌보고 질병의 위험을 예측할 수 있다. 의사의 수와 질에 의존하던 기존 의료 체계를 혁신할 수 있는 것이다.

한편 국내에서도 AI를 활용하여 mRNA 백신을 개발하고 있다. 아이진EYEGENE이라는 회사에서 백신 개발에 필요한 기술 정보 및 노하우를 제공하고, 아론티어ARONTIER라는 회사에서는 AI 기술을 제공하여 협력한다. 그래서 mRNA 백신 후보 물질을 발굴해 후보 물질을 스크리닝하고 최적화하는 과정을 효율화하고 있다.

AI는 질병에 직접적으로 기여하는 진단이나 치료법 외에도 식습관이나 활동량 개선 분야에도 기여한다. 눔Noom은 전 세계 3천만 명이 넘는 사람이 사용하는 1:1 맞춤형 다이어트 앱을 출시하며 구글 플레이에서 건강/운동 분야에서 매출 1위를 차지했다. 눔은 식습관과 활동량을 개선하기 위해 AI로 코칭한다.

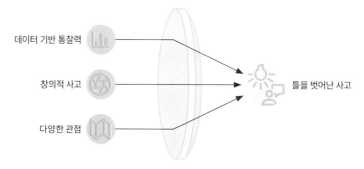

그림 3-2 3O 혁신 중 첫 번째인 Out of Box의 개념도. 데이터 기반 통찰력, 창의적 사고, 다양한 관점을 제공하므로 틀에서 벗어난 사고를 할 수 있다.

의료 외에도 교육, 환경, 기술, 예술 등 다양한 분야에서 AI가 새로운 해결책과 접근법을 제시하고 있다. 이것이 가능한 이유로는 AI가 주는 세 가지 효과 때문이다.

첫 번째로 **데이터 기반 통찰력**을 높인다. AI는 방대한 양의 데이터를 분석하여 빠르게 패턴과 관계를 발견한다. 이러한 발견은 기존의 고정관념과 사고방식을 뒤엎어 새로운 비즈니스 아이디어와 사업 전략을 도출하는 데 도움이 될 수 있다. AI는 사람보다 더 많은 양의 데이터를 더 빠르게 분석할 수 있기 때문에 신규 비즈니스 모델을 수립하거나 사업 전략을 도출하는 데 도움이 된다. 의료 분야에 AI를 적용한 것이 좋은 예시다.

두 번째로 **창의적 사고**가 가능하다. AI는 기존의 틀에서 벗어나 새로운 것을 창조하는 데 도움이 된다. 예를 들어 AI를 새로운 제품이나 서비스의 아이디어를 도출하거나 기존의 제품이나 서비스의 새로운 기능을 개발하는 데 활용할 수 있다. 수많은 데이터를 조합하여 학제간 연구(서로 다른 학문 분야의 연구자들이 협력하여 연구를 수행하는 것으로 기존의 연구 방법으로는 해

결하기 어려운 복잡한 문제를 해결하기 위해 다양한 학문 분야의 지식과 방법론을 통합한다)가 가능하기 때문이다.

예를 들어 B2C 교육 관련 조직에서 마케팅 문구를 만든다고 가정해보자. 마케팅 전공자는 마케팅 경험과 지식은 있지만 교육에 대한 이해와 경험이 낮아서 고객 니즈에 최적화된 문구보다는 일반적인 마케팅 문구나 직감에 의존한 문구를 제안할 것이다. 반대로 교육 전공자는 교육에 대한 이해와 경험은 있지만 마케팅에 대한 경험과 지식이 없어서 끌리는 문구를 발굴하지 못한다. 하지만 마케팅에 AI를 사용하면 적합한 마케팅 문구를 구성하는 데 도움이 된다. 교육에 대한 인식을 데이터화하는 데 AI를 사용하여 자동화 크롤링 봇을 만들어 데이터를 수집하고 간편 AI 웹 페이지 개발 툴을 통해 설문 조사를 하는 등 '인식'이라는 모호한 개념을 정형화된 데이터로 만들 수 있다. 그리고 이에 기반한 문구 생성을 위해 텍스트 생성형 AI(챗GPT, 제미나이, 클로바X 등)를 활용할 수 있다. 마케팅 문구를 생성하되, 마케팅 전공자나 교육 전공자가 생각하지 못했던 문구를 생성하는 것이다.

마지막으로 AI는 **다양한 관점**을 얻는 데 도움이 된다. 앞서 이야기한 바와 같이 AI는 다양한 데이터를 기반으로 패턴을 감지할 수 있으므로, 통제된 환경과 정보를 제공하면 시뮬레이션을 통해 패턴을 분석하고 결과를 예측할 수 있다. 이를 통해 새로운 관점을 제공하고, 주어진 시간 내에, 또는 더 빠르게 기존의 틀을 깨는 데 도움이 된다. 예를 들어 AI를 활용한 신약 개발이나 새로운 치료법 연구를 위한 스크리닝 및 시뮬레이션이 그 좋은 사례다.

그림 3-3 챗GPT를 이용해서 마케팅 문구를 생성한 예시. 고객의 평소 선호도를 제공하고 판매를 목표로 하는 제품을 알려주자, 이에 맞는 마케팅 문구를 만드는 것을 볼 수 있다. AI를 활용해서 기존에 접근했던 방식과는 달리 틀을 깨고 비즈니스에 활용할 수 있는 예시 중 하나다(이미지 출처: 챗GPT).

이처럼 AI는 고정된 사고 패턴이나 일반적인 수행 범위를 넘어설 수 있는 도구다. AI를 활용하면 세상에 없던 새로운 사업 아이템을 개발하거나, 혁신적인 비즈니스 모델을 설계할 수 있다. 이는 AI가 가져올 수 있는 3O 혁신 중 첫 번째, Out of The Box(틀을 벗어난 혁신)가 가능하기 때문이다. 따라서 AI를 활용한 전략을 수립하는 임원이나 AI를 서비스에 도입하려는 기획·전략 부서의 담당자 등은 이러한 관점을 염두에 두고 전략을 세우고 기획해야 한다.

크롤링(crawling)

웹사이트에서 정보를 자동으로 수집하는 기술을 말한다. 일반적으로 검색 엔진이 웹 페이지의 콘텐츠를 수집하고 인덱싱하기 위해 사용하는 방법이다. 크롤링을 수행하는 프로그램은 웹 크롤러 또는 스파이더라고 불리며 웹 페이지를 방문하여 해당 페이지의 텍스트 이미지 링크 등을 수집한다.

크롤링 봇(crawling bot)

크롤링 작업을 수행하는 자동화된 소프트웨어 프로그램을 크롤링 봇이라고 한다. 웹사이트를 탐색하면서 페이지의 콘텐츠를 수집하고 이를 분석해 데이터베이스에 저장한다. 크롤링 봇은 주로 검색 엔진에서 사용되지만 특정 목적을 위해 웹사이트의 정보를 수집하는 다양한 애플리케이션에서도 사용된다. 예를 들어 전자상거래 사이트에서 가격 비교를 위해 제품 정보를 자동으로 수집하는 봇도 크롤링 봇의 일종이다.

생성형 AI(generative AI)

새로운 콘텐츠를 생성할 수 있는 인공지능 기술을 의미한다. 이 기술은 텍스트, 이미지, 음악, 코드 등 다양한 형태의 데이터를 학습하여 사람이 만든 것처럼 자연스럽고 창의적인 콘텐츠를 만들어낸다. 대표적인 예로 텍스트 생성 AI는 주어진 주제에 대해 문서를 작성하거나 대화를 생성할 수 있고, 이미지 생성 AI는 기존의 사진을 바탕으로 새로운 이미지를 창조할 수 있다. 생성형 AI는 예술 엔터테인먼트 마케팅 등 여러 분야에서 창의적인 작업을 자동화하고 새로운 가능성을 열어주고 있다.

패턴(pattern)

특정한 규칙이나 반복되는 형태를 의미한다. IT 분야에서는 데이터나 행동에서 일관되게 나타나는 규칙성을 가리킨다. 예를 들어 사용자의 인터넷 검색 기록에서 특정 시간대에 특정 사이트를 자주 방문하는 것이 발견된다면 이는 사용자의 행동 패턴으로 볼 수 있다. 패턴은 데이터 분석에서 중요한 역할을 하며 이를 통해 미래의 행동을 예측하거나 문제를 해결할 수 있다. 예를 들어 구매 패턴을 분석하여 고객이 어떤 제품을 좋아하는지 예측하는 것이 가능하다.

시뮬레이션(simulation)

현실에서 벌어질 수 있는 상황을 가상 환경에서 모의 실험하는 것을 말한다. 실제로 테스트하기 어려운 복잡한 시스템이나 상황을 컴퓨터 프로그램을 이용해 가상으로 재현함으로써 다양한 변수와 조건에서 어떤 결과가 나올지 미리 예측할 수 있다. 예를 들어 항공기 설계에서 비행 시뮬레이션을 사용해 다양한 기상 조건에서 항공기가 어떻게 반응할지 테스트할 수 있다. 제품 개발, 교육 훈련 등 다양한 분야에서 중요한 역할을 한다.

두 번째 혁신, Optimization

두 번째 혁신은 'Optimization'이다. Optimization은 **최적화**를 의미하는데, 특정 목표를 달성하기 위해 주어진 환경 내에서 모든 경우의 수를 고려하여 가장 좋은 결과를 도출하는 것을 말한다. AI는 최적화를 위한 강력한 도구가 될 수 있다. AI는 방대한 양의 데이터를 빠르고 효율적으로 처리할 수 있으며 복잡한 문제를 해결할 수 있는 능력을 가지고 있다. 이러한 능력을 바탕으로 AI는 최적화를 위한 새로운 가능성을 열어줄 것으로 기대된다.

예를 들어 AI는 제조 분야에서 공정 최적화를 통해 생산성이나 품질 개선에 기여할 수 있다. AI를 활용하여 제품의 제조 공정을 최적화하면 생산량을 늘리고 비용을 절감하는 등 기존 제품의 품질 향상에 기여할 수 있다. 현대오토에버*는 CPScyber-physical system(능동형 인지 AI 기술을 활용해 현실 세계를 자율 제어하는 지능형 서비스 시스템)에 AI를 활용해서 최적의 생산 조건을 예측하여 수익을 극대화하고 있다. 현대차그룹은 도장 검사(품질을 검사하는 과정)에서 AI 기술을 접목했다. AI를 사용하여 도장 공정에서 발생한 문제를 빠르게 파악하여 품질 향상을 도모한 것이다. 게다가 자동차 디자인에도 AI를 활용하는데, 현대차그룹의 'AI 기반 휠 디자인 자동 생성기'는 휠 디자인 과정에서 사람의 영감을 AI가 패턴화해 신속하고 다양하게 디자인한다.†

제조 공정에서만 사용이 가능한 것은 아니다. AI는 데이터가 있는 분야라면 어디든지 적용할 수 있기 때문에 다양한 분야에 적용할 수 있다. 예를 들어 건설 현장에서 영상을 수집하여 근로자의 안전 관리에 기여하거나, 건설된 건물의 콘크리트 균열 등을 감지해 건물의 안정성을 파악하는 데 도움이 될 수 있다. 실제로 현대건설은 실시간으로 작업자와 건설 장비에서 화재 위험 요소의 위치를 감지하고 위험을 사전에 방지하는 기술을 개발했

---

*   https://www.hyundai.co.kr/story/CONT0000000000003259
†   https://www.opinionnews.co.kr/news/articleView.html?idxno=81094

는데, 용접 작업 중 튄 불꽃으로 인한 화재를 적시에 탐지해 근로자의 안전을 확보한다. 또한 자세 추정 알고리즘에 기반하여 작업자의 주요 관절 및 행위를 탐지해서 위험 동작을 인식해 활용하고 있다.*

이처럼 기존의 제품의 생산성을 극대화하거나 품질을 향상하는 방향으로 AI를 사용할 수 있는데, AI가 주는 세 가지 효과, 즉 데이터 분석 및 예측, 자동화, 창의성 보조 덕분이다.

첫 번째로 **데이터 분석 및 예측**을 살펴보자. AI는 방대한 양의 데이터를 빠르고 효율적으로 처리할 수 있어서, 기존에는 발견하기 어려웠던 패턴이나 관계를 발견하고 이를 바탕으로 미래를 예측할 수 있다. 예를 들어 AI를 활용하여 제품의 생산 공정 데이터를 분석하면 공정 중 발생할 수 있는 문제를 사전에 예측하고 조치를 취할 수 있다. 현대오토에버의 CPS 사례가 좋은 예다.

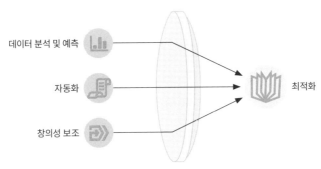

그림 3-4 3O 혁신 중 두 번째인 Optimization의 개념도. AI 덕분에 데이터 분석 및 예측, 자동화, 창의성 보조가 가능해져 비즈니스 최적화를 할 수 있다.

---

* http://www.kharn.kr/news/article.html?no=21045

다음으로 AI는 복잡한 작업을 **자동화**할 수 있다. AI를 활용하여 제품의 품질 검사를 자동화하면 작업자의 피로도를 줄이고 검사의 정확도를 높일 수 있을 것이다. 현대차그룹의 도장 검사 사례가 좋은 예다.

마지막으로 인간의 **창의성에 기여**할 수 있다. 사람의 번뜩이는 영감은 찰나에 스쳐 지나간다는 단점이 있는데, AI가 보조하면 영감을 실체화할 수 있다. 게다가 AI를 활용하여 고객의 구매 패턴을 분석하면 고객의 요구를 더 잘 이해하고 고객 만족도를 높일 수 있는 신규 제품이나 서비스를 개발할 수 있다. 현대차그룹의 AI 기반 휠 디자인 자동 생성기가 좋은 사례. 이처럼 AI를 활용하면 소비자의 니즈를 반영한 디자인을 설계하는 데 도움이 되거나 기존에 없던 새로운 디자인을 개발할 수 있다.

AI는 완전히 새로운 무언가를 만드는 데만 국한되지 않는다. 기존 프로세스를 개선하거나 생산 공정을 효율화하는 데도 활용할 수 있다. 이는 AI가 가져올 수 있는 3O 혁신 중 두 번째, Optimization(최적화)이 가능하기 때문이다. 따라서 AI를 활용한 전략을 수립해야 하는 담당자는 기존 프로세스의 효율화를 목표로 한 전략과 기획을 통해 더 큰 성과를 얻을 수 있다.

. . . .

최적화(optimization)
어떤 문제나 상황에서 최선의 결과를 얻기 위해 과정을 개선하거나 조정하는 것을 의미한다. 예를 들어 회사가 제품을 생산하는 과정에서 비용을 줄이고 품질을 높이려 한다면 생산 공정을 최적화하는 방법을 찾는다. 일반적으로 IT 분야에서 최적화는 주로 시스템이나 소프트웨어가 최대한 효율적으로 작동하도록 조정하는 것을 말한다. 자원을 덜 사용하면서 더 많은 일을 처리하거나 응답 속도를 빠르게 하는 것을 목표로 할 수 있다. 예를 들어 웹사이트에 방문자가 많아도 빠르게 로딩되도록 서버와 네트워크 설정을 최적화하는 것이 이에 해당한다.

프로세스(process)

특정 목표를 달성하기 위해 일련의 단계나 작업을 순서대로 수행하는 방법을 말한다. 요리 레시피에는 요리 재료를 준비하고 조리하는 각 단계가 순서대로 나열되어 있는데, 이 과정이 바로 요리의 프로세스다. 일반적으로 IT에서는 소프트웨어가 특정 기능을 수행하기 위해 거치는 단계를 가리킨다. 예를 들어 온라인 쇼핑몰에서 물건을 주문하는 과정은 제품 선택 장바구니에 담기-결제 정보 입력-주문 완료를 거치는데 이 모든 단계가 하나의 프로세스라고 주장할 수도 있다.

사이버 물리 시스템(cyber-physical system, CPS)

물리적 세계와 디지털 세계를 통합하여 상호작용하는 시스템을 의미한다. 예를 들어 스마트팩토리에서 기계에 부착된 센서는 실시간 데이터를 수집하고, 이를 분석해 생산 공정을 자동으로 조절함으로써 효율성과 품질을 향상시킨다. 일반적으로 센서, 네트워크, 컴퓨팅 기술을 결합하여 물리적 환경을 모니터링하고 제어하며, 이를 통해 자동화된 의사결정을 수행한다. 자율주행 자동차나 스마트 그리드처럼 물리적 시스템과 사이버 시스템이 긴밀하게 연결되어 새로운 기능과 서비스를 제공하는 것이 특징이다.

세 번째 혁신, Opportunity

세 번째로 논할 혁신은 'Opportunity'다. 비즈니스 **기회**는 고객 경험의 혁신에서 비롯된다. 경험의 혁신은 고객의 만족도를 높이고 경쟁력을 강화하는 기회를 제공한다. 이를 위해 조직은 고객의 경험을 더욱 가치 있게 만들기 위해 부단히 노력한다. 이때 AI를 사용하면 고객의 경험을 혁신할 수 있다. 혁신을 경험하면 고객은 우리의 제품을 더욱 선호할 것이다. AI는 기존에 제공하던 제품의 핵심 사상(제품 설계 방향으로 충족시키고자 하는 고객의 니즈에 대한 해결책)을 기존과 다르게 혁신하기도 한다. 고객의 니즈를 충족시키던 기존의 핵심 기능을 제외하고 다른 기능을 개발하거나 시로 결합하여 고객 경험을 혁신할 수 있는 것이다.

예를 들어 최근 AI는 교육 분야에서 고객 경험을 혁신했다. 전 세계적으로 메가 히트 제품인 챗GPT를 교육에 결합하여 기존에 제공하지 않았던 가치를 제공한 것이다. 특히 영어 교육 분야에서는 영어를 잘하고 싶다는 고객의 니즈를 충족시키기 위해 생성형 AI를 활용하여 AI와 대화를 통해 영어를 학습할 수도 있다. 예를 들어 듀오링고Duolingo*는 생성형 AI를 활용해서 챗봇 형식으로 만들어, 고객은 AI 챗봇과의 대화를 통해 외국인과 대화하듯이 영어를 학습할 수 있다. 뉴욕의 한 카페에서 커피를 주문하는 상황을 설정하고 AI 챗봇과 대화하며 틀린 부분은 AI가 알려주는 식이다. 실제 사람이 아니라 AI이기 때문에 원하면 언제든 활용할 수 있다. 실제 원어민과 시간을 조율하여 만나는 과정을 생략하게 하여 혁신적인 가치를 제공한 것이다. 게다가 문법이 맞는지 사람이 검수하는 과정을 생략함으로써 24시간 문법과 구문을 교정받을 수 있다. 정해진 문법과 구문에 대해서만 교정받을 수 있거나 사람이 검수하는 수고로움이 필요했던 과거에 비하면 혁신적인 경험이다. 이런 경험을 하면 고객은 새로운 가치를 제공한 제품을 버리고 쉽게 다른 것을 선택할 수 없다.

교육 외에도 다양한 분야에서 사용된다. 예를 들어 투자 분야에서 세계적인 금융회사인 모건 스탠리Morgan Stanley를 들 수 있다. 자산 관리를 위해서는 시장 분석이 필수적인데, 이를 위해 주기마다 발간하는 조직의 보고서를 분석해야 한다. 그런데 대부분의 보고서는 PDF 형태로 제공되기 때문에 사람이 직접 읽고 분석하는 데 시간과 노력이 필요하다. 특히 모건 스탠리의 경우, 투자 전략, 시장 연구, 코멘트 분석 결과가 PDF 형태로 내부 사이트 여러 곳에 분산되어 있어 특정 질문에 대한 답을 찾으려면 많은 양의 정보를 확인해야 한다. 이는 과거 종이 문서와 구두로 보관하던 정보를 디

---

* 집필 기준으로 전 세계에서 가장 많은 학습자들이 이용하는 외국어 학습 플랫폼이다.
https://ko.duolingo.com/

지털화하는 과정에서 PDF 파일로 스캔해 저장한 결과 발생한 문제였다. 그러다 보니 '1980년대 나스닥 시총 Top 10위의 조직은?'과 같은 질문에 대한 답을 찾기 위해서는 일일이 자료를 찾아야 했다. 이에 모건 스탠리는 내부 자료를 GPT-4에 학습시켜 직원들에게 제공함으로써 자료를 찾는 데 소모되던 시간을 대폭 절약할 수 있었다. 또한, 고객들이 모건 스탠리의 자산 관리 전문가와 상담하지 않고도 모건 스탠리 챗봇을 통해 상담이 가능하도록 시스템을 개발하고 있다. 2023년 5월, 모건 스탠리는 인덱스GPT 상표권을 취득하고, 고객 요구에 맞춰 증권을 분석하고 적절한 투자 조언을 제공할 계획을 밝혔다.* 금융 상담을 원하는 고객은 이제 챗봇을 통해 편리하게 상담을 받을 수 있다. 기존에 자산 관리 전문가와 일정을 맞춰 방문하던 과정을 생략할 수 있게 된 것이다. 특히, 과거에는 한 명의 전문가 지식에 의존해 상담을 받았다면 이제는 수많은 데이터를 학습한 챗봇을 통해 수많은 전문가가 알려주는 것처럼 상담을 제공받을 수 있다. 고객은 원하는 정보를 빠르게 찾을 수 있고, 직원은 불필요하게 많은 PDF 자료를 찾아볼 필요가 없어졌다. AI 챗봇의 도입으로 고객은 언제든지 원하는 시간에 상담을 받을 수 있으며, 이는 기존 시스템을 넘어선 혁신적인 변화다.

마이크로소프트나 구글과 같은 대기업도 고객 경험 혁신을 위해 AI를 적극적으로 도입하고 있다. 구글은 2023년 9월 자사 블로그에서 생성형 AI인 바드Bard(현재는 제미나이Gemini로 명칭이 변경됨)를 구글 앱 및 서비스와 연결하여 사용할 수 있다고 밝혔다.† 지메일, 구글 문서, 구글 드라이브, 구글

---

*   https://zdnet.co.kr/view/?no=20230526090742

†   https://blog.google/intl/ko-kr/company-news/technology/google-bard-new-features-update-sept-2023-kr/

지도, 유튜브, 구글 항공편 및 호텔 검색 등 일상적으로 사용하는 구글 서비스에서 관련 정보를 찾아 표시할 수 있게 된 것이다. 예를 들어 친구들과 제주도로 여행을 계획 중이라면 제미나이는 지메일에서 친구들에게 가능한 날짜를 취합하게끔 메일 초안을 작성하고, 구글 항공편을 통해 실시간 항공편 및 호텔 정보를 검색할 수 있다. 그리고 구글 지도에서 공항까지 가는 길을 확인하고, 유튜브에서 제주도 여행 관련 동영상을 보여달라고 할 수도 있다. 이처럼 복잡한 작업이 단 한 번의 요청으로 가능해지며, 이는 다양한 앱과 서비스를 결합하여 자사 서비스의 고객 경험을 혁신하기 위해 구글이 노력한 결과다.

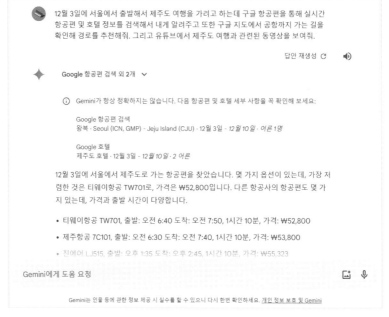

그림 3-5 제미나이에 여행 정보를 주고 여행 스케줄을 짜는 데 도움을 받는 예. 기존에는 사람이 일일이 검색하거나 항공이나 숙소 업체를 통해 정보를 습득해야 했지만, 이제는 AI에 다양한 일을 맡겨서 수행할 수 있다. 결국 고객 경험 혁신으로 이어진다(이미지 출처: 제미나이).

마이크로소프트 또한 자사 블로그를 통해 마이크로소프트 365 코파일럿Microsoft 365 Copilot을 공개했다.* 업무 생산성 도구 전반에 AI 기술을 적용하여 비즈니스 데이터에 마이크로소프트 365 앱을 결합해 고객의 창의성, 생산성 스킬을 향상시킨 것이다. 최종적으로 마이크로소프트는 모든 업무 생산성 도구에 AI를 결합하여 고객 생산성 경험을 혁신하려 한다.

이처럼 고객의 경험을 혁신하는 방향으로 AI를 사용할 수 있다. 이러한 일이 가능한 것은 AI가 주는 두 가지 효과인 유연한 결합과 효율적인 고객 지원 때문이다.

첫 번째, **유연한 결합**이다. AI는 데이터로부터 탄생한다. 그 말은 데이터가 있는 곳이라면 AI를 적용할 수 있다는 뜻이다. AI는 데이터를 생성한다면 그 어떠한 기술이나 서비스와도 결합하여 고객에게 새로운 경험을 제공할 수 있다. 예를 들어 가상현실과 증강현실을 활용하여 고객에게 몰입감 있는 경험을 제공한다거나, 챗봇과 대화형 AI를 활용하여 고객과 상호작용을 할 수 있다. 교육 분야에서의 챗봇 도입을 통해 실제 원어민과 대화하지 않고도 영어 학습을 지원하도록 한 예를 생각해보면 이해가 갈 것이다.

Opportunity

유연한 결합   →   ←   효율적인 고객 지원

그림 3-6 3O 혁신 중 세 번째인 Opportunity의 개념도. 다양한 비즈니스 기회를 얻기 위해 고객 경험의 혁신에 AI를 활용하여 수익을 창출하거나 비즈니스 모델을 확장할 수 있다.

---

* https://news.microsoft.com/ko-kr/2023/03/17/introducing-microsoft-365-copilot/

다음으로 **효율적인 고객 지원**이다. AI는 소프트웨어이며, 데이터가 있다면 적용할 수 있다고 했다. 그 말은 자사의 소프트웨어과 연결할 수 있으며, 로그 데이터가 있다면 효율적인 고객 지원이 가능하다는 뜻이다. AI는 대량의 고객 데이터를 처리하여 패턴을 찾고 예측할 수 있어서 효율적으로 고객 지원을 할 수 있다. 예를 들어 AI에 기반한 고객 서비스 상담사는 고객의 질문을 이해하고 관련 정보를 제공하여 고객의 문제를 빠르게 해결할 수 있다. 또한 AI에 기반한 고객 서비스 자동화는 고객의 문의에 대한 기본적인 답변이나 자사 서비스의 연결을 자동으로 제공하여 고객의 시간을 아껴줄 것이다.

이와 같이 AI를 사용하면 우리는 새로운 기회를 얻을 수 있다. 기존에 제공할 수 없던 고객 경험을 혁신함으로써 새로운 비즈니스적 기회(고객 확장, 충성 고객 확보 등)를 얻을 수 있다는 말이다. 이는 AI가 가져올 수 있는 3O 혁신 중 Opportunity(기회)가 고객 경험 혁신을 통해 실현 가능하기 때문이다. 따라서 AI를 활용해 전략을 수립해야 하는 담당자는 기존 고객이나 새로운 고객 경험의 혁신을 위해 AI 도입을 검토해야 할 것이다.

. . . .

가상현실(virtual reality, VR)
컴퓨터 기술을 이용해 만들어진 가상의 환경에 사용자가 몰입할 수 있게 하는 기술이다. 사용자는 특수한 헤드셋이나 장비를 착용해 가상 세계를 실제처럼 경험할 수 있다. 주로 게임, 교육, 시뮬레이션 훈련 등에 활용되며 현실 세계와 완전히 분리된 새로운 세계를 탐험하는 느낌을 제공한다.

증강현실(augmented reality, AR)
컴퓨터로 생성된 그래픽, 이미지, 소리 등을 덧붙여 현실 세계에 보여주는 기술이다. 스마트폰이나 특수 안경을 통해 사용자는 현실에 가상의 요소가 결합된 상태를 경험할 수 있다. 예를 들어 스마트폰 카메라를 통해 보이는 실제 거리 위에 길 안내 정보가 겹쳐 보이는 것이 증강현실의 한 예다.

데이터(data)

사실이나 정보를 디지털 형태로 표현한 것을 말한다. 숫자, 문자, 이미지, 소리 등 모든 형태의 정보를 데이터라고 할 수 있다. 예를 들어 고객의 구매 기록, 웹사이트 방문자의 행동 패턴, 센서에서 수집된 온도 정보 등이 데이터에 해당한다. 데이터를 분석하면 다양한 인사이트를 얻을 수 있으며 이를 바탕으로 더 나은 의사결정을 내릴 수 있다.

로그 데이터(log data)

컴퓨터 시스템 서버 또는 애플리케이션이 동작하면서 생성하는 기록이다. 이는 시스템이 어떻게 작동하고 있는지, 사용자가 어떤 행동을 했는지에 대한 정보를 담고 있다. 예를 들어 웹사이트에서 사용자가 어떤 페이지를 방문했는지, 언제 로그인했는지 등을 기록한 것이다. 시스템 문제를 해결하거나 사용자 행동을 분석하는 데 유용하다.

AI가 해결할 수 없는 4N 한계

그렇다면 AI가 해결할 수 없는 한계는 무엇일까? AI가 할 수 있는 일이나 AI가 가져올 찬란한 미래를 얘기하는 사람은 많지만, AI가 할 수 없는 것에 대해 말하는 사람은 드물다. 그러나 AI를 비즈니스에 효과적으로 활용하려면 AI의 가능성뿐만 아니라 한계를 이해하는 것이 중요하다. 앞서 언급했듯, 미래는 AI를 잘 이해하는 사람이 아니라 AI를 비즈니스에 잘 활용하는 사람이 주도할 것이다. 따라서 AI의 대표적인 한계인 4N에 대해 알아보자.

첫 번째 한계, No Rules

AI는 데이터에서 탄생하는 자식과도 같다. 물론 원샷러닝이나 퓨샷러닝처럼 적은 양의 데이터로도 학습하는 기법이 있지만, 대용량의 데이터로 학습한 AI보다 이점이 적다. 실제로 우리가 접하는 많은 AI 서비스는 많은 데이터로 학습한 결과물이다. 그러므로 대용량의 데이터로 학습한 AI를 비즈니스에 적용하는 상황만 고려할 것이다. 이러한 관점에서 볼 때 '왜 데이터가 필요한가?'라는 질문으로 시작해야 할 것이다. AI 전공자가 아니거나 AI를 비즈니스에 적용해본 적 없는 사람들은 AI가 모든 것을 해결해줄 것이라며 장밋빛 미래만을 꿈꾸지만, 정작 '왜'에 대해서는 생각하지 않는다.

AI를 사용하는 데 데이터가 필요한 것은 패턴을 감지하기 위해서인데, 데이터로부터 패턴을 감지한다면 데이터만 있으면 AI가 패턴을 감지할 수 있을까? 대부분의 경우에는 가능하다. 데이터는 의미를 가지지 않는 단순한 사실이나 값이므로 어떤 목적을 가지고 분석되어야 의미를 가진다. 이처럼 데이터를 처리하고 분석하여 얻는 지식이나 인사이트를 정보라고 한다.

문제는 데이터로부터 정보를 얻을 수 없는 경우다. 데이터는 항상 완벽하지 않다. 만약 AI가 데이터에서 정보를 얻도록 패턴을 감지할 수 있을 만큼 준비되지 않으면 AI는 활용할 수 없다. 크게 무작위한 데이터, 복잡한 AI, 누락된 정보 때문이다.

첫 번째는 데이터가 **랜덤하게 발생**하는 경우다. 예를 들어 완벽하게 정육면체인 주사위를 던질 때마다 눈의 수는 랜덤하게 나온다. 각 눈이 나올 확률은 6분의 1이지만, 주사위를 던져서 나오는 눈의 값은 패턴이 없으므로 주사위 데이터를 분석한 AI라고 하더라도 예측할 수 없다.

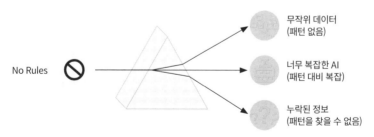

그림 3-7 4N 한계 중 첫 번째인 No Rules의 개념도. 무작위 데이터(패턴 없음), 너무 복잡한 AI(패턴 대비 복잡), 누락된 정보(패턴을 찾을 수 없음) 때문에 발생한다.

두 번째는 데이터는 간단한데 너무 **복잡한 AI**로 패턴을 파악하려고 하는 경우다. 매우 간단한 방법으로 구분할 수 있는 데이터는 간단한 AI를 사용해도 된다. 그런데 딥러닝과 같은 매우 복잡한 AI를 사용하면 오히려 인식하지 못한다. 이를 과적합overfitting이라 부르는데, 과도하게 학습하여 새로운 데이터를 제대로 예측하지 못하는 현상을 의미한다. 그러므로 적절한 AI를 선택하는 것이 매우 중요하다.

마지막으로 아예 **정보가 누락**된 경우다. 이는 랜덤하게 발생하는 경우와 비슷한데, 예를 들어 주식 가격을 예측하려 조직이 가지고 있는 모든 정보를 모아 AI에 학습시켰다. 그런데 예기치 못한 국제 정세나 전쟁과 같은 이유로 인해 주가가 하락할 수 있다. 이런 요인은 조직의 정보만으로는 알 수 없기 때문에 조직의 정보만으로 학습한 AI는 제대로 패턴을 알 수 없다. 그러므로 일반적으로 다양하고 많은 데이터로 AI를 학습해야 한다. 어떤 정보를 직접적으로 학습시키지 못해도 그 정보를 간접적으로나마 알 수 있는 데이터가 포함되어야 하는 것이다.

결론적으로, AI를 효과적으로 활용하려면 데이터가 패턴을 감지할 수 있을 만큼 준비되어 있어야 한다. 데이터가 랜덤하게 발생하거나, 사용하는 AI에 비해 간단한 규칙으로 구성되었거나, 정보가 아예 없는 경우에는 AI를 활용할 수 없다.

여기서는 AI가 패턴을 감지할 수 없는 대표적인 세 가지 경우를 다루었다. AI에 대해 잘 몰랐다면 이 내용을 통해 AI에 대한 이해를 높이고, 어떤 상황에서 어떻게 AI를 사용해야 하는지 명확히 알 수 있을 것이다. 또한, 이어지는 다른 한계들도 대부분 데이터 준비와 관련된 문제에서 비롯된다.

그러므로 AI를 적용하기 전에 데이터를 철저히 준비하고, AI의 적절한 활용 방법을 이해하는 것이 무엇보다 중요하다.

두 번째 한계, No Data

사실 우리가 접하는 대부분의 데이터는 특정 목적을 가지고 수집되거나 특정 상황에서의 데이터인 경우가 많다. 예를 들어 스마트팩토리를 위해 IoT 센서로부터 로그 데이터를 수집하거나, SNS에서 유저의 피드를 분석해 여론 조사에 사용하거나, 쇼핑 애플리케이션에서 구매 이력 데이터를 활용해 고객의 선호도를 추정하는 사례가 그렇다. 이런 데이터들은 특정한 목적에 맞게 수집되기 때문에 자연스럽게 일정한 패턴이 나타난다. 그러나 데이터가 수집되지 않거나 수집이 불가능한 경우도 존재한다.

AI 서비스를 기획하고 비즈니스 전략에 AI를 도입하려는 기획자들이 자주 간과하는 부분이 바로 이 지점이다. AI 전략을 수립하기에 앞서서, 현재 보유한 데이터의 유형과 상태를 철저히 분석해야 한다. 예를 들어 어떤 데이터가 존재하는지, 부족한 데이터는 보완 가능한지, 보완이 어렵다면 향후 어떤 방식으로 확보할 수 있을지 등을 고려해야 한다.

이를 체계적으로 접근하기 위해 데이터의 상태를 세 가지로 나눌 수 있다. 데이터가 존재하는 경우, 데이터가 존재하지 않고 보완이 어려운 경우, 데이터가 존재하지 않지만 보완 가능한 경우다. 각각의 상황에 맞는 전략을 세우는 것이 AI 활용의 성공을 좌우할 중요한 요인이다.

먼저 **데이터가 존재하는 경우**를 살펴보자. 데이터가 존재하는데 무슨 문제인지 의아할 것이다. 사실 데이터를 다루다 보면 데이터가 있기만 할 뿐

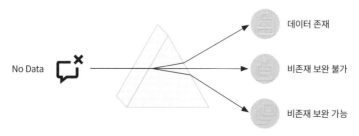

그림 3-8 4N 한계 중 두 번째인 No data의 개념도. 데이터가 존재하는 경우, 존재하지 않고 보완이 불가한 경우, 존재하지는 않지만 보완 가능한 경우가 있다.

활용하기 어려운 형태인 경우가 있다. 예를 들어 일부가 누락되어 있거나, 분석할 수 없는 형태이거나, 값이 정확하지 않은 경우가 있다. 데이터의 품질이 좋고 정확한 데이터만 적재되어 있다면 문제가 없지만, 그렇지 않을 때가 많다.

제품product(서비스)을 설계할 당시에 PM이나 PO가 제품에서 얻을 수 있는 데이터 수집과 저장 범위를 어떻게 정의했느냐에 따라 데이터가 있을 수도, 없을 수도 있다. 예를 들어 이커머스 플랫폼을 개발할 때를 생각해보자. 사용자는 마음에 드는 상품을 구매하기 전에 장바구니에 담거나 즐겨찾기에 추가할 수 있다. 그런데 PM이 구매 이력은 저장하기로 결정했지만, 장바구니와 즐겨찾기 이력은 가장 최근 정보만 저장하도록 설계했다고 가정해보자.

이 플랫폼이 인기를 얻어 점차 성장해 AI를 활용한 상품 추천 시스템을 도입하기로 결정하고, AI 리서치 엔지니어를 고용해 개발을 시작했다고 하자. 리서치 엔지니어는 구매 이력뿐만 아니라 장바구니와 즐겨찾기 이력을 활용해 사용자의 선호도와 시간에 따른 변화를 정밀하게 분석하려 할 것이다. 하지만 설계 단계에서 이 데이터를 저장하지 않기로 한 탓에 관련 정보가 누락되었다면, 사용자의 선호도를 세밀하게 추정하는 데 한계가 생긴다. 결국 AI 추천 시스템은 완전하지 못한 반쪽짜리 결과를 도출할 것이다.

실제로 많은 서비스에서 이런 문제가 종종 발생한다. 이런 상황이 발생하는 이유는 저장 비용이나 개발 리소스가 부족하기 때문이다. 현실적으로 서비스 운영을 위한 내부 유용 자금이나 인력 등의 한계를 고려해야 하므로 모든 정보를 저장하기가 어렵다. 이력의 저장 기간, 상품 페이지에 머문 시간, 페이지 이동 내역, 결제 방식 등 데이터가 있어도 일부만 남는 경우가 생긴다.

다음으로 **데이터가 아예 없는 경우**가 있다. 앞서 이야기한 이커머스 플랫폼에서 AI 리서치 엔지니어가 다른 이커머스 플랫폼의 이력을 구하려 한다고 하자. AI를 개발하는 입장에서는 타당한 일이다. 많은 사람이 여러 개의 플랫폼을 이용할 것이므로 다른 이커머스 플랫폼의 이력을 결합하면 사용자의 온전한 이력을 볼 수 있어서 선호도를 잘 추정할 수 있기 때문이다. 하지만 당연히 이것은 불가능한 일이다. 고객의 데이터를 넘겨주는 플랫폼도 없을뿐더러, 고객의 데이터는 개인정보이기 때문에 고객의 동의 없이 마음대로 사용할 수 없다. 현실적으로 데이터가 존재하지 않는 것이다.

한편, 이커머스 플랫폼을 개발할 당시에 PM이 데이터가 아예 필요하지 않다고 판단한 경우, 로그 정보는 저장되지 않고 사라진다. 그런 경우 중간부터 로그 정보를 어딘가에 저장한다면, 과거의 정보는 없어도 현시점부터의 정보는 남는다. 혹은 AI를 사용하여 과거의 정보를 추정할 수도 있다. 정확한 값이 아니라 '추정'이기 때문에 잘못된 값이 생성될 수 있어서 유의해서 활용해야 하지만 말이다.

AI는 데이터와 떼어놓을 수 없기 때문에 데이터가 적은 상황에서 제한적일 수밖에 없다. 그래서 퓨샷러닝과 같은 연구가 진행되고 있다. 데이터가 없는 상황에서 AI만 있으면 문제가 해결되리라 생각하는 CEO나 전략가가 있다면 전략을 수정해야 할 것이다.

제품(product)
조직이 고객에게 제공하는 상품이나 서비스를 말하며, 프로덕트라고도 부른다. IT 분야에서 제품은 소프트웨어 애플리케이션 또는 디지털 플랫폼 등으로 나타날 수 있다. 예를 들어 스마트폰 애플리케이션이나 웹사이트 클라우드 서비스 등이 모두 제품에 해당한다. 제품은 고객의 문제를 해결하거나 필요를 충족시키기 위해 설계되고 이를 통해 고객 가치를 제공하는 것을 목표로 한다.

프로덕트 매니저(product manager, PM)
프로덕트의 개발 출시 그리고 개선 과정 전반을 관리하고 책임지는 역할을 하는 사람이다. PM은 시장 조사 고객 요구 분석 개발팀과의 협업 그리고 제품의 방향성을 설정하는 등의 업무를 수행한다. 프로덕트가 고객의 기대를 충족시키고 비즈니스 목표를 달성할 수 있도록 조율하는 중요한 역할을 맡는다. IT 분야에서는 개발팀, 디자이너, 마케팅팀 등과 협력하여 성공적인 프로덕트를 만들어내는 핵심 인물이다.

프로덕트 오너(product owner, PO)
하나의 제품을 담당하여 제품의 기능과 스토리를 정의하고, 이를 여러 조직들과 협의하여 지속적인 제품의 성장을 이끄는 역할을 수행한다.

퓨샷러닝(few-shot learning)
AI 분야에서 최소한의 데이터만으로 학습하여 새로운 작업을 수행할 수 있게 하는 기법을 의미한다. 일반적으로 AI 모델은 많은 양의 데이터를 필요로 하지만, 퓨샷러닝은 소량의 데이터만으로도 높은 성능을 발휘할 수 있도록 설계된다. 이는 AI가 새로운 상황이나 문제에 빠르게 적응할 수 있도록 도와주며, 데이터가 부족한 환경에서도 유용하게 사용될 수 있다. 몇 장의 사진만으로 특정 물체를 인식하거나, 적은 예제만으로 언어 번역을 수행할 수 있게 하는 식이다.

AI 도입의 성공 사례가 늘어나면서 AI 활용의 범위가 점점 넓어지고 있다. 이제는 인사이트를 얻는 데도 AI를 적극적으로 활용하고 있다. 인사이트란 현상을 꿰뚫어 본질을 파악하는 능력으로, 현재 상황에 대한 인사이트와 미래를 예측하는 인사이트로 나뉜다.

현재 상황과 관련된 데이터가 풍부할 경우, AI는 이러한 데이터를 조합하고 분석하며 인사이트를 도출하는 데 강점을 발휘한다. 이러한 능력은 마케팅, 전략 기획 등 다양한 분야에서 이미 광범위하게 활용되고 있다.

한편, 미래 예측의 경우 일정 부분 가능하지만 그 성과는 특정 조건을 만족할 때 효과적이다. 따라서 AI를 통해 미래를 '잘' 예측하려면 다음과 같은 제약을 이해하고 신중히 활용해야 한다.

1. **관련 데이터가 있다.**
2. **패턴이 있어야 한다.**

관련 데이터가 있다는 말은 AI의 학습이 가능하다는 말과 같다. 내년 GDP를 예측하기 위해 AI를 학습한다면, 수출입의 규모와 주변국의 GDP 경제 지수 등 다양한 정보가 필요할 것이다. 예측을 위해서는 학습을 위해 관련 데이터가 필요하다.

다음으로 패턴이 있어야 한다는 말은 과거의 데이터와 미래의 데이터에 유사성이 있다는 뜻이다. 관련 데이터 중 일부가 변화하면 시간과는 상관없이 그 결과가 변화하거나, 시간에 따라 변화한다면 패턴이 존재한다고 할 수 있다. 예를 들어 1980년대나 2020년대나 GDP가 올라갈 때는 수출이 많아졌다거나, 인구 수가 증가하는 등 패턴을 보이는 식이다. 또한, 아이스크림의 판매량이 여름에 증가했다가 겨울에는 감소하는 현상은 시간에 따라 변화하는 패턴의 대표적인 예라고 말할 수 있다.

이렇듯 AI가 패턴을 예측할 수는 있지만, 미래를 예지할 수 없다. 흔히 '예측'을 '예지'와 혼용하곤 하는데, AI로 미래를 '예지'할 수는 없다. 과거에 존재하지 않았던 것을 정확히 알아내는 것은 예측이 아니라 예언의 영역이다.

LG전자는 1995년 프라다폰, 초콜릿폰 등을 내놓으며 휴대폰 시장에서 앞서갔다. 한때 미국 이동통신교환(CDMA) 시장 점유율 1위에 오르기도 했고, 노키아와 삼성전자에 이어 세계 휴대폰 시장에서 3위를 차지했다. 저가 휴대폰도 연달아 히트를 쳤다. 그러던 중 아이폰이 출시되고 반응이 심상치 않자, LG전자는 1천억 원을 들여 글로벌 컨설팅 회사 맥캔지 & 컴퍼니 Mckinsey & Company에 컨설팅을 의뢰했다. 당시 컨설팅 보고서는 스마트폰을 '찻잔 속 태풍' 아이템이라고 평했다. 스마트폰 대중화에 상당한 시간이 걸릴 테고 피처폰 시대가 이어질 것[*]이므로 "기술보다 마케팅에 투자하라"라고 조언[†]했다. LG전자는 이를 받아들였고, 결국 스마트폰 대응에 늦어졌다. 결국엔 휴대폰 사업을 매각하고 철수하기에 이른다.

컨설팅의 문제인지, LG전자의 오판인지는 중요하지 않다. 중요한 점은 미래를 예측하는 일이 본질적으로 어렵다는 사실이다. 특히 과거에 존재하

---

[*] https://it.chosun.com/news/articleView.html?idxno=2021012602543

[†] https://biz.newdaily.co.kr/site/data/html/2021/04/06/2021040600011.html

지 않았던 무언가를 예측하는 것은 얼마든지 잘못된 결과를 낼 수 있으며, 이는 AI도 마찬가지다.

그렇기 때문에 미래를 '잘' 예측하려면 패턴이 존재해야 하며, 이러한 패턴이 드러날 정도로 데이터가 많거나 충분한 시간이 흘러야 한다. 만약 LG전자가 AI에 컨설팅을 맡겼을 때 이 두 조건이 충족되었다면 더 나은 답을 제시했을지도 모른다. 그러나 현실적으로 미래 예측의 많은 사례가 이 두 조건을 충족하지 못한다. 따라서 이러한 상황에서는 AI를 활용한 미래 예측에 신중을 가해야 한다.

이번 장에서 강조하고자 하는 바는 AI로 미래를 예측하는 것이 불가능하다는 게 아니다. 다만, AI를 만능 도구로 여기고 무분별하게 사용하는 것을 지양해야 한다는 의미다. 최근 AI로 미래를 예측한다는 사례가 급증하면서, AI를 잘 모르는 사람의 입장에서 AI가 모든 문제를 자동으로 해결해줄 것이라고 막연히 기대하기도 한다. 그러나 이는 매우 위험한 생각이다.

모든 도구는 적절한 방식으로 사용될 때 비로소 최상의 효과를 발휘한다. AI도 마찬가지다. AI의 특성과 한계를 이해하고, 이를 적절한 상황에 맞게 활용해야만 기대하는 효과를 얻을 수 있다.

네 번째 한계, No Corporate Culture

AI를 한 번도 도입해본 적이 없는 조직이 시대의 흐름에 따라 AI를 다음 성장 동력으로 삼아 적극적으로 도입하려다 보면 많은 저항에 부딪히는 경우가 많다. 특히 AI 트랜스포메이션은 부서 간 협력과 직원들의 수용도가 성공의 핵심 요소로 작용하기 때문에 이러한 저항은 더욱 두드러진다.

그렇다면 AI 모델만 잘 구축하면 모든 문제가 해결될 것처럼 보이는데, 왜 협력과 수용도가 중요할까?

앞서 AI 트랜스포메이션은 'AI 기술과 시스템을 조직의 다양한 측면에 구현하고 통합하여 비즈니스를 근본적으로 변화하는 것'이라 정의했다. 즉, AI 기술과 시스템만 가지고 비즈니스를 근본적으로 변화하는 것이 아니라는 의미다. 비즈니스를 근본적으로 변화하기 위해서는 AI 기술과 시스템을 보유하고 이를 조직에 구현하고 통합하는 과정이 필요하다. 신생 조직이 아니라면 비즈니스를 영위하기 위해 각 부서가 유기적으로 연결되어 성과를 창출한다. 이때 AI 기술과 시스템 통합을 시도할 때 연결 구조나 업무 방식이 바뀔 수 있다. 이 과정에서 부서 간 협력과 직원의 AI 기술의 수용도가 매우 중요해진다.

AI 기술 개발과 적용 프로젝트는 여러 부서의 협력이 필수적인 복합 과제다. 프로젝트 관리, 문제 정의, 해결 목표 정렬, 지식과 정보 공유를 위해 IT 운영 부서와 비즈니스 부서 간의 긴밀한 협력이 필요하다.

예를 들어 경로 최적화 AI를 활용해 물류 최적화를 달성하고 비용 절감과 성과 향상을 목표로 하는 물류 업체를 생각해보자. 이 업체의 기본 정책

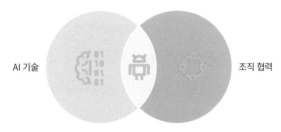

AI 기술   조직 협력

그림 3-9 성공적인 AI 트랜스포메이션을 위해서는 조직 협력(부서 간 협력, 직원의 AI의 수용도)이 매우 중요하다. AI 기술만 가지고 할 수 있는 것도 아니고 조직이 협력한다고 해서 되는 것도 아니다.

은 최적의 경로를 따라 유통하는 것이다. 하지만 고객이 특정 날짜에 맞춰 배송을 요청하는 경우, 이상적인 물류 최적화 모델이 그 상황을 제대로 대처할 수 있을까?

일반적으로 고객의 특별한 요청이 발생하면 업체는 이를 반영하여 배송 우선순위를 조정해야 한다. 이 과정에서 수많은 변수가 발생하며, AI 모델이 모든 경우를 완벽히 처리할 것으로 기대하기는 어렵다. 따라서 운영 부서의 긴밀한 협조가 중요해진다. 운영 부서는 자주 발생하는 예외 상황에 대한 사전 지식을 AI 개발 부서와 공유하고, 운영 과정의 피드백을 제공하며, 예외 처리 프로세스를 함께 구축해야 한다. 또한, AI 모델이 기존 시스템과 통합되고 이슈를 처리할 수 있도록 IT 부서와의 협력도 필수적이다.

문제는 이러한 새로운 시도와 기술 도입에 조직 내 방어적인 문화가 자리 잡고 있다면, 이를 실행하기가 어렵다는 점이다. 예를 들어 기존 IT인프라가 이미 운영 중이고 데이터 저장소나 데이터 처리 서버가 구축되어 있다고 가정하자. 조직에서 새로운 요구 사항에 따라 기존 관계형 데이터베이스를 문서형 NoSQL 데이터베이스로 전환하려 한다면, 데이터 처리 서버를 담당하는 엔지니어나 분석가들이 이를 반대할 수 있다.

그 이유는 데이터베이스 변경에 따라 기존에 작성된 쿼리를 수정해야 하는 추가적인 작업 부담이 발생하기 때문이다. 게다가 데이터베이스 전환이 기존 서비스에 장애를 초래할 가능성에 대한 우려로 인해 반발하거나, 테스트 기간을 지나치게 늘려 도입 속도를 늦추는 등 방어적인 태도를 취할 수 있다.

물론 문제가 발생하지 않도록 신중히 대비하는 것은 매우 중요하다. 하지만 새로운 기술을 도입할 때, 레거시 시스템과의 통합 과정에서 우려가 생기는 것은 피할 수 없는 일이다. 통합이란 오래된 시스템과 새로운 시스템이 원활히 연동되도록 서로 다른 기술이나 데이터 구조를 연결하는 과정을 말한다.

그렇다고 해서 새로운 기술 도입을 무조건 회피하거나 방어적으로 대응하면, 결국 기술 부채에 직면할 가능성이 크다.

무조건 새로운 기술이나 시도를 찬성하자는 것이 아니다. 도입 대비 효용성을 고려하고 신중하게 결정할 사항은 맞다. 하지만 AI에 대한 이해가 전혀 없는 임원이나 오너가 강제로 도입하거나, 실무진의 과도한 방어적인 태도는 결국 문제가 될 가능성이 높다. 그러므로 부서 간 협력과 직원의 수용도를 높이려면 조직의 문화가 수반되어야 하며, 그렇지 않은 경우 도입하는 데 한계가 있을 것이다.

. . . .

관계형 데이터베이스(relational database, RDB)
데이터를 표(table) 형식으로 저장하는 데이터베이스 시스템이다. 각 표는 행(row)과 열(column)로 구성되어 있다. 행은 개별 데이터 항목을, 열은 데이터의 속성을 나타낸다. 예를 들어 고객 정보가 저장된 표에서는 행이 개별 고객을 나타내고 열이 고객의 이름, 주소, 전화번호 등과 같은 속성을 나타낸다. 이러한 표는 서로 관계를 맺고 있어 데이터를 효과적으로 조직하고 검색할 수 있다. RDB는 일관성 있고 구조화된 데이터를 처리하는 데 적합하며 은행, 보험, 전자상거래 등에서 널리 사용된다.

ACID(atomicity, consistency, isolation, durability)
데이터베이스 트랜잭션의 네 가지 핵심 속성을 의미한다. 이 속성은 데이터베이스의 무결성을 보장하는 데 중요한 역할을 한다.

1) 원자성(atomicity): 트랜잭션은 전부 실행되거나 전혀 실행되지 않아야 한다. 즉, 트랜잭션의 모든 작업이 성공적으로 완료되면 데이터베이스에 적용되지만 하나라도 실패하면 모든 작업이 취소되어 데이터베이스는 원래 상태로 돌아간다.

2) 일관성(consistency): 트랜잭션이 시작되기 전과 후에 데이터베이스는 일관된 상태를 유지해야 한다. 즉, 데이터베이스에 저장된 데이터가 항상 유효하고 정합성을 유지해야 한다.

3) 격리성(isolation): 동시에 실행되는 트랜잭션들이 서로 간섭하지 않아야 한다. 각 트랜잭션은 다른 트랜잭션의 중간 상태를 볼 수 없으며 독립적으로 처리된다.

4) 지속성(durability): 트랜잭션이 성공적으로 완료되면 그 결과는 영구적으로 반영된다. 즉, 시스템 장애가 발생해도 데이터는 손실되지 않고 유지된다.

이 네 가지 속성은 데이터베이스에서의 트랜잭션이 안전하고 신뢰성 있게 처리될 수 있도록 보장하는 중요한 개념이다.

트랜잭션(transaction)
데이터베이스에서 수행되는 일련의 작업으로, 논리적으로 하나의 단위로 처리된다. 예를 들어 은행 계좌에서 돈을 이체하는 경우 출금과 입금이라는 두 가지 작업이 이루어지는데, 이 두 작업은 하나의 트랜잭션으로 처리되어야 한다. 만약 출금이 성공했지만 입금이 실패하면 전체 트랜잭션은 무효화되고 출금도 취소된다. 이러한 방식으로 트랜잭션은 데이터의 일관성과 무결성을 유지하는 역할을 한다.

레거시 시스템(legacy system)
조직에서 오랫동안 사용된 기존의 IT 시스템을 의미한다. 이러한 시스템은 과거에 최신 기술로 개발되었지만 시간이 지나면서 점점 구식이 되어 새로운 기술과의 호환성이나 성능 면에서 한계를 보인다. 예를 들어 오래된 메인프레임 시스템이나 1990년대에 개발된 소프트웨어가 레거시 시스템에 해당한다. 여전히 중요한 업무를 처리하고 있지만 현대의 새로운 기술의 요구를 충족시키기 어려울 수 있다.

레거시 시스템과의 통합(legacy system integration)
새로운 시스템이나 기술을 도입할 때 기존의 레거시 시스템과 원활하게 연동되도록 만드는 과정을 의미한다. 조직은 새로운 기능이나 서비스를 제공하기 위해 최신 기술을 도입하더라도 기존의 레거시 시스템을 완전히 교체하기 어려운 경우가 많다. 이때 새로운 시스템이 기존 시스템과 데이터를 주고받거나 프로세스를 연계할 수 있도록 통합 작업이 필요하다. 이 통합이 제대로 이루어지지 않으면 데이터 불일치나 성능 저하 등의 문제가 발생할 수 있다.

기술 부채(technical debt)
소프트웨어 개발 과정에서 단기적으로 빠르게 결과를 내기 위해 품질이나 최적화를 희생한 상태를 비유하는 용어다. 지금 당장은 시스템이 정상적으로 동작하지만 장기적으로는 문제가 될 수 있는 코드를 작성하는 것을 의미한다. 기술 부채는 시간이 지남에 따라 시스템의 유지보수 비용을 증가시키고 새로운 기능 추가나 변경을 어렵게 만든다. 이는 나중에 더 큰 비용과 노력을 필요로 하는 문제로 작용한다.

전략 실행을 위한
핵심 조건

AI 전략을 성공적으로 실행하는 것은 단순히 첨단 기술을 도입하는 것 이상의 과제다. 오늘날 많은 조직이 AI 기술의 잠재력을 인식하고 이를 활용하기 위해 다양한 전략을 세우고 있지만, 이러한 전략이 실제로 효과를 발휘하려면 몇 가지 필수적인 조건이 갖춰져야 한다. 기술이 아무리 우수해도 조직의 비전과 목표에 부합하지 않거나 전략을 실행하기 위해 체계적이고 일관되게 준비하지 않으면 전략은 실패로 돌아갈 가능성이 높다. 전략을 실행하기에 앞서서 고려해야 하는 것을 살펴보고 전략에 대해 논의하도록 한다.

리더의 AI에 대한 이해

오늘날 비즈니스 환경에서 AI는 더 이상 선택이 아닌 필수로 자리 잡고 있다. AI는 단순한 기술 트렌드를 넘어 비즈니스의 근본적인 방식을 변화시키는 혁신적인 도구다. 그러나 AI를 제대로 이해하지 못하면 그 잠재력을 충분히 활용하지 못할 위험이 크다.

리더가 AI를 효과적으로 활용하려고 AI의 복잡한 기술적 세부 사항까지 전문가가 될 필요는 없다. 다만, AI의 기본 개념을 이해하고, 이를 조직의 목표와 전략에 어떻게 접목할 수 있는지 파악하는 것이 중요하다.

리더가 AI에 대한 기초적인 이해조차 없다면 실패의 악순환에 빠질 가능성이 높아진다. 특히, 리더의 역할이 팀장, 임원, 회장 또는 오너로 올라갈수록 그로 인한 리스크는 점점 더 커질 수밖에 없다. 그러므로 리더가 AI에 대한 기본적인 이해를 갖추는 것은 AI 트랜스포메이션을 성공적으로 이끄는 데 필수적인 출발점이 된다.

많은 리더가 AI의 효과와 잠재력을 인정하며 이를 비즈니스에 결합해 성과를 창출하려고 노력한다. 그러나 일부는 AI의 본질을 이해하지 못한 채, 단순히 AI가 없으면 투자받기 어렵다거나 AI만 도입하면 모든 문제가 해결된다는 착각에 빠지기도 한다.

이러한 접근은 AI를 왜, 그리고 어떻게 결합해야 하는지에 대한 명확한 방향 없이 무작정 AI를 접목하려는 악순환을 초래한다. 리더가 AI에 대한 기본적인 이해가 부족하면 기술적 해결책에만 집중하기 쉬운데, 그보다는 문제의 본질을 파악하고 다양한 관점에서 해결할 방법을 고민하는 것이 더 중요하다.

단순히 최신 기술을 도입하는 것만이 아니라 그 기술이 조직의 목표와 실제 문제 해결에 얼마나 적합한지 면밀히 평가하고, 이를 전략적으로 활용하는 것이 더 중요하다.

예를 들어 엘리베이터를 기다리는 시간이 지루해 불만이 많아진 상황을 생각해보자. A회사는 이 문제를 해결하기 위해 100억 원을 들여 엘리베이터의 속도를 20% 빠르게 만드는 AI 알고리즘을 개발했다. 반면, B회사는 엘리베이터에 거울을 달았다. A회사는 AI 기술을 통해 엘리베이터를 더 빠르게 만들었지만, 사람들은 여전히 기다리는 시간이 지루하다고 느꼈다. 반면, B회사의 경우 사람들이 거울을 보며 시간을 보내면서 엘리베이터가 늦게 온다는 인식을 줄여 문제를 해결했다.

이 사례는 배달의민족 김범준 전 CEO가 문제를 어떻게 정의하는지가 왜 중요한지 설명하면서 언급한 것으로, 이는 최신의 기술적 해결책이 항상 최선인 것은 아니며, 문제의 본질을 파악하고 그에 맞는 해결책을 도출하는 과정과 논리가 얼마나 중요한지 잘 보여준다.

만약 리더가 AI를 잘 이해하지 못한 채 모든 문제의 해결책으로 여기면 비슷한 문제가 발생할 수 있다. AI를 잘못된 문제에 적용하면 기술적으로는 뛰어나더라도 실제 문제를 해결하지 못하거나 불필요한 비용만 발생할 수 있다. 따라서 리더의 역할은 AI 기술을 맹목적으로 도입하는 것이 아니라, 어떤 문제가 AI로 해결될 수 있고, 어떤 문제는 AI 없이도 더 효율적으로 해결될 수 있는지를 판단하는 데 있다.

리더가 AI를 잘 이해하고 있으면 AI를 적용할 적절한 영역을 정의하고 발굴할 수 있다. 이를 통해 조직의 자원을 최적화하여 효과적인 문제 해결을 도모할 수 있다. 예를 들어 고객 서비스의 개선을 위해 AI 챗봇을 도입한다고 할 때 리더가 AI의 한계를 이해하지 못하고 모든 고객 상담을 AI에 맡기면 고객의 불만이 증가하고 서비스 품질이 떨어질 수 있다. 반면, 리더가 AI를 잘 이해하고 있다면 반복적인 질문에 빠르게 대응하는 데는 AI 챗봇을 활용하고 복잡한 문제는 인간 상담원이 처리하도록 시스템을 설계할 수 있다. 이렇게 하면 고객 만족도는 향상되며 AI의 도입 효과도 극대화된다.

반대로 리더가 AI에 대해 잘 모르면 AI를 도입해도 되지 않을 문제에 AI를 적용하려고 할 수 있다. 이로 인해 불필요한 비용이 발생하거나 문제 해결이 오히려 복잡해질 수 있다. 단순히 정책을 변경하거나 프로세스를 조정하는 것만으로 해결될 수 있는 문제에 AI를 적용하면 그 과정에서 막대한

---

* https://youtu.be/3H4umWD5bwI?si=7KT2rQFmfR4mKfal

자원이 낭비될 것이다.

AI 도입이 곧바로 비용 절감과 수익 증가로 이어질 것이라는 잘못된 기대도 리더들이 흔히 하는 실수 중 하나다. AI 시스템을 구축하고 운영하는 데에는 상당한 초기 비용과 시간이 필요할 수 있다. 예를 들어 금융 회사가 고객 서비스 개선을 위해 AI 챗봇을 도입한다고 할 때, 리더는 AI가 도입되면 곧바로 고객 응대 속도가 빨라지고 인력 비용이 절감되며 결국 수익이 증가할 것이라고 기대했다. 그러나 AI 시스템을 도입하려면 먼저 대규모 데이터 인프라를 구축하고, 이를 효과적으로 운영하기 위해 새로운 서버와 네트워크 장비, AI 모델을 관리할 전문가를 고용해야 한다. 막대한 초기 비용이 발생할 뿐만 아니라 챗봇 시스템이 안정적으로 작동하기까지는 상당한 시간이 필요하다.

이와 같은 상황에서 리더의 과도한 기대는 실망을 초래할 수 있으며, 이는 조직 전체에 부정적인 영향을 미칠 수 있다. 리더가 AI 도입에 회의감을 느끼면 다른 임직원들도 AI에 대한 신뢰를 잃어 도입이 미뤄지거나 취소될 수도 있다.

또한 리더는 AI 도입 초기 단계에서 나타날 수 있는 성과 부진을 조직과 투명하게 공유하고, 장기적인 목표를 설정해야 한다. AI가 실제 성과를 내기까지는 시간이 걸리므로, 리더는 조직의 임직원들이 일관된 비전과 목표를 공유할 수 있도록 리더십을 발휘해야 한다. AI 도입은 단순한 기술 혁신이 아니라, 조직 전체의 변화와 장기적인 투자를 요구하는 과정임을 인식하고 이에 맞는 전략적 접근이 필요하다. 결국, AI 도입에서 가장 중요한 것은 기술 그 자체가 아니라 그것을 활용하는 사람들, 특히 리더의 AI에 대한 이해와 비전이다. 리더가 AI의 잠재력과 한계를 명확히 인식하고, 장기적인 관점에서 AI를 도입하고 활용하는 것이 중요하다. 그래야 AI는 단순한 기술 도입을 넘어 조직의 혁신과 성장을 이끄는 강력한 도구로 자리 잡을 것이다.

조직 간 협력과 조율

조직 간 협력은 매우 중요하며, 이를 위한 협력적인 기업 문화가 마련되어 있어야 한다. AI 도입은 단순히 기술 적용을 넘어, 조직의 운영 방식, 문화, 업무 프로세스 전반에 걸쳐 근본적인 변화를 요구하기 때문이다. 최근 많은 조직에서 AI 연구 개발 조직이 IT 부서와 별도로 운영되면서 이들 조직 간의 협력은 더욱 중요해졌다. AI 연구 개발 조직은 기술의 핵심을 다루며, 이들이 개발한 솔루션을 조직 전체에 어떻게 통합하고 활용할 것인지가 성공적인 AI 트랜스포메이션의 성패를 가른다.

AI 연구 개발 조직과 IT 부서가 분리되어 있으면, 두 조직 간의 협력과 조율이 매우 중요해진다. AI 연구 개발 조직은 주로 새로운 AI 기술의 연구와 개발, 알고리즘 설계 및 실험 등을 담당하지만, 이 기술이 실제로 조직 운영에 적용되는 과정은 IT 부서와의 협력을 통해 이루어진다. IT 부서는 AI 연구 개발 조직이 만든 솔루션을 실제 인프라에 통합하고, 이를 조직의 다양한 부서와 시스템에 적용하는 역할을 맡는다. 두 조직 간 협력이 원활하지 않으면, AI 트랜스포메이션은 계획대로 진행되지 못할 위험이 크다.

AI 연구 개발 조직과 IT 부서 그리고 다른 사업 부서 간에 견제가 발생할 여지도 있다. AI 연구 개발 조직이 새로운 기술을 개발하더라도 이를 기존 시스템에 통합하는 과정에서 기술적 과제나 자원 문제로 IT 부서와의 갈등이 생길 수 있다. IT 부서는 AI 기술 도입에 신중한 태도를 보이거나, 도입 과정에서 지연이 발생할 수 있으며, 때로는 AI 연구 개발 조직의 주도권 강화에 대한 견제로 협력을 꺼리기도 한다. 이러한 갈등은 조직 내 협업을 저해하고, AI 트랜스포메이션의 성공을 어렵게 만들 수 있다.

리더는 이러한 부서 간 견제를 방지하고 협력을 촉진하는 역할을 해야 한다. AI 연구 개발 조직, IT 부서, 그리고 다른 사업 부서들이 AI 트랜스포메이션이라는 공동의 목표를 공유하고, 각자의 역할이 조직 발전에 필수적이라는 점을 인식하게 해야 한다. 명확한 비전을 제시하고, AI 도입이 특정 부서만의 이익을 위한 것이 아니라 조직 전체의 성장을 위한 것임을 커뮤니케이션을 통해 강조해야 한다.

한편, 단계적 접근법이 효과적일 수 있다. AI 연구 개발 조직이 먼저 새로운 기술을 개발한 뒤, IT 부서와 협력하여 이를 조직 전반에 점진적으로 통합하는 방식이 적합하다. 모든 부서가 동시에 AI를 도입할 필요는 없으며, 각 부서의 준비 상태와 필요에 따라 AI 기술을 단계적으로 적용하는 것이 조직의 효율성과 안정성을 높이는 데 도움이 될 것이다.

이렇게 조율하는 과정은 AI 트랜스포메이션의 성공에 매우 중요하다. 시기를 잘못 조율하면 일부 부서는 준비가 덜 된 상태에서 AI 시스템을 도입하면서 성과를 내지 못할 위험이 있다. 한편 소외감을 느끼는 부서도 있을 것이다. 따라서 리더는 각 부서의 준비 상태를 면밀히 평가하고 적절한 시기에 AI 도입이 이루어지도록 조율한다.

AI 트랜스포메이션 전략의 성공 여부는 조직 내 모든 부서와 팀이 조율된 방식으로 협력하느냐에 달려 있다. 리더는 AI 연구 개발 조직, IT 부서, 그리고 다른 사업 부서가 상호 견제 대신 협력하며 공동의 목표를 향해 나아갈 수 있도록 리더십을 발휘해야 한다. 이를 위해 투명한 의사결정 과정과 명확한 커뮤니케이션을 통해 부서 간 협력을 촉진하고, 각 부서가 AI 트랜스포메이션의 과정에서 중요한 역할을 수행할 수 있도록 이끌어야 한다.

AI 트랜스포메이션은 단순히 기술을 도입하는 것이 아니라 조직 전체의 협력을 필요로 하는 전략적 변화다. 따라서 부서 간의 견제와 조율 문제를 신중히 관리하고, 모든 부서가 공동의 목표를 공유하고 이를 위해 협력할 수 있는 환경을 조성하는 것이 중요하다. 리더는 이러한 협력의 중요성을 깊이 인식하고, 조직 전체가 조화롭게 AI 기술을 통합하도록 주도해야 한다.

AI 연구 개발 조직, IT 부서, 사업 부서가 긴밀히 협력하여 AI를 조직 전반에 통합할 때, AI 트랜스포메이션은 비로소 조직의 혁신과 성장을 이끄는 강력한 엔진으로 작용할 것이다.

단계별 접근 시도

AI 트랜스포메이션을 성공적으로 이루기 위해서는 처음부터 지나치게 많은 것을 기대하거나 요구하기보다 단계별로 접근할 필요가 있다. AI 도입은 거대한 퍼즐을 완성하는 과정과 같아, 모든 조각을 한꺼번에 맞추려 하면 오히려 혼란이 생길 수 있다. 따라서 작은 성과를 차근차근 쌓아가며 목표에 다가가는 것이 바람직하다.

AI 트랜스포메이션은 조직의 운영 방식, 문화, 나아가 비즈니스 모델까지 아우르는 광범위한 변화를 요구한다. 이러한 변화를 성공적으로 이루기 위해서는 모든 것을 한 번에 바꾸려는 욕심을 버리고 작은 변화부터 시작해야 한다. 이는 새로운 언어를 배울 때 복잡한 문장을 처음부터 이해하려 애쓰는 대신, 기본 단어와 문법을 익히며 점진적으로 어려운 문장으로 나아가는 과정과 비슷하다.

그러므로 처음부터 AI가 모든 문제를 해결해줄 것이라고 기대하기보다는 현실적인 목표를 설정하고 이를 달성하는 데 집중해야 한다. 예를 들어 한 회사가 고객 서비스를 개선하기 위해 AI를 도입한다고 가정해보자. 처음에는 고객의 반복적인 질문에 응답하는 AI 챗봇을 도입할 수 있다. 그러면 고객 서비스의 효율성을 높이고 다른 중요한 업무에 인력을 더욱 많이 투입할 수 있다. 이 과정이 성공을 거두면 AI를 활용해 고객 데이터를 분석하고 개인화된 서비스를 제공하는 등 더 복잡한 작업으로 나아갈 수 있다.

이처럼 작고 현실적인 목표를 달성하면, 조직 내에서 AI에 대한 신뢰와 긍정적인 경험이 쌓여 더 큰 변화를 준비할 수 있다. 이는 마치 튼튼한 기초 위에서만 안전하게 오래가는 건축물을 지을 수 있는 것과 같다. 기초가 약하면 아무리 멋진 건축물이라도 오래가지 못할 것이다. AI 트랜스포메이션도 처음부터 모든 것을 바꾸려 하기보다는 점진적인 변화를 통해 성공을 쌓아가는 것이 중요하다.

조직은 작은 성공을 통해 AI 도입 경험을 축적하고, 이를 바탕으로 더 큰 목표를 설정할 수 있다. 작게 시작한 변화는 시간이 지나며 조직 전체의 큰 변화를 이끄는 강력한 동력이 된다. 작은 불씨가 점차 큰 불꽃으로 커지는 것처럼, 작은 성과가 쌓여 조직의 혁신과 AI 트랜스포메이션의 성공으로 이어질 것이다.

또한, 단계별 접근은 조직 내에서 AI 도입에 대한 저항을 줄이고 협력을 촉진하는 데도 중요한 역할을 한다. 처음부터 큰 변화를 요구하면 조직 임직원은 불안감을 느끼고 저항할 수 있기 때문이다. 그러나 작은 변화부터 시작하면 자연스럽게 새로운 환경에 적응할 수 있고 AI에 대한 신뢰를 쌓고 더 큰 변화를 이끌어내기 위한 준비를 할 수 있다. 이렇게 작은 변화가 모여 점차 큰 변화로 이어질 때 조직은 자연스럽게 AI 트랜스포메이션의 과정에 참여할 것이다.

단계별 접근은 실패의 위험을 최소화하는 데도 큰 도움이 된다. 처음부터 모든 것을 바꾸려 하면 과도한 부담이 생기고, 작은 실수나 예기치 못한 문제가 전체 프로젝트를 좌초시킬 위험이 생긴다. 반면, 작은 목표를 하나씩 달성하며 나아가면 각 단계에서 얻은 경험과 교훈을 바탕으로 다음 단계를 준비할 수 있고, 실패가 발생하더라도 그 여파가 제한적이어서 회복이 쉽다.

이는 마치 산을 오를 때 한 걸음씩 천천히 올라야 정상에 도달할 수 있는 것과 같다. 처음부터 무리해 정상에 도달하려 하면 중간에 지치거나 길을 잃기 쉽다. 하지만 신중히 한 걸음씩 나아가며 목표를 향한다면 결국 정상에 도달할 뿐 아니라, 그 과정에서 더 단단한 기반과 자신감을 얻게 된다.

결국 AI 트랜스포메이션의 성공은 얼마나 체계적이고 단계적으로 접근하느냐에 달려 있다. 처음부터 너무 많은 것을 기대하기보다는 작은 성공을 쌓아가면서 목표에 점차적으로 접근하는 것이야말로 AI 도입의 성공을 보장하는 길이다. 단계별 접근으로 조직에 AI를 효과적으로 도입할 수 있고,

장기적인 경쟁력을 강화하며 새로운 시대에 맞는 혁신적인 조직으로 거듭
날 수 있을 것이다.

문화와 조직 수용성

그렇다면 실질적으로 부서 간 협력을 원활히 하고 직원의 수용도를 높이기
위해서는 어떻게 해야 할까? 조직문화의 변화가 그 답이 될 수 있다. 새로운
IT 기술이 개발되면 계속해서 사용해보려고 시도하는 사람과 적당히 써보
고 그만두는 사람이 있다. 그러면 전자가 좋은 성과를 거둘 것이다. 이때 조
직문화의 변화를 통해 수용도를 높일 수 있다. 경직되고 보수적인 조직문화
라면 분위기가 정체되어 있기 때문에 쉽사리 새로운 변화를 제안하거나 적
용하기 어렵다. 그러므로 새로운 기술을 유연하고 열린 마음으로 받아들일
수 있도록 조직문화를 개편할 필요가 있다.

주의할 점은 조직의 HR 부서가 관리 목적으로 정량적인 지표를 만들어
따르도록 강요하는 것은 의미가 없다는 것이다. 새로운 기술은 필요에 의해
도입되는 것이며, 이를 효과적으로 사용하는 방법은 다양한 관점에서 신중
히 살펴보아야 하기 때문이다. 단기적인 지표에만 의존할 경우, 직원들에게
불필요한 근무 시간 할당을 강요하거나 무분별한 기술 도입으로 인해 업무
의 방향성을 잃을 가능성이 높다.

대신, 학습을 장려하고 열린 마음으로 변화를 수용하는 조직 문화를 조
성하는 것이 중요하다. 이러한 문화를 정착시키면 다음과 같은 장점이 있다.

1. IT 부서는 도입 실패에 대한 책임보다는 도전 시도가 많아진다.

2. 사업 부서는 IT 부서와의 협력이 수월해진다.

이러한 문화를 정착시키면 조직의 문화와 구조가 변화하면서 부서 간 역할과 협력 방식이 근본적으로 바뀐다. 이는 AI 도입의 성공 가능성을 높이고, 조직 전체가 새로운 기술을 유연하고 창의적으로 수용하고 활용하는 데 기여한다. 실패를 두려워하지 않는 문화가 정착한 조직은 더욱 적극적으로 새로운 AI 기술과 솔루션을 개발할 수 있다.

또한, 협력과 공유의 문화를 정착시키는 것은 AI 연구 개발 조직, IT 부서, 사업 부서 간의 관계에서 특히 중요하다. AI 트랜스포메이션은 이들 세 부서가 데이터를 공유하고 문제를 함께 해결하는 긴밀한 협력을 통해서만 성공할 수 있다. AI 연구 개발 조직은 새로운 기술과 알고리즘을 개발하고, IT 부서는 이를 인프라와 시스템에 통합하며, 사업 부서는 이를 실제 비즈니스에 적용하여 가치를 창출한다. 이 과정에서 세 부서가 서로의 전문성을 존중하며 협력하는 것이 필수적이다.

예를 들어 AI 연구 개발 조직이 고객 행동을 예측하는 AI 모델을 개발했다면, IT 부서는 이를 조직의 데이터 인프라와 시스템에 통합해야 한다. 이후 사업 부서는 이 모델을 바탕으로 고객 맞춤형 마케팅 전략을 수립하고 실행한다. 협력과 공유의 문화가 자리 잡으면 AI 연구 개발 조직이 IT 부서와 협력하여 모델을 원활히 통합하고, 사업 부서와 협력하여 이를 효과적으로 활용할 수 있다.

이러한 협력은 단순한 기술적 통합을 넘어, 공동의 목표를 달성하는 과정에서 더욱 중요한 의미를 갖는다. AI 트랜스포메이션이 특정 부서의 책임이 아니라 조직 전체 성장과 성공을 위한 공동의 노력이라는 인식이 확산되면, 세 부서는 더욱 적극적으로 협력하게 된다. AI 연구 개발 조직은 사업 부서의 요구를 이해하고 이를 반영하며, IT 부서는 기술적 요구를 충족시켜 이를 지원한다. 사업 부서는 이들의 노력을 바탕으로 비즈니스 목표를 달성하며 조직의 성장을 이끌어간다.

마지막으로, 조직의 문화와 구조가 변화하면 AI 연구 개발 조직, IT 부서, 사업 부서 간의 관계가 더욱 긴밀해지고, AI 트랜스포메이션 과정에서 발생할 수 있는 다양한 도전 과제를 효과적으로 극복할 수 있다. 특히 AI 연구 개발 조직은 기술 혁신의 최전선에서 새로운 AI 솔루션을 개발하고, IT 부서와 협력하여 조직 전체로 확산시킨다. 동시에 사업 부서는 이러한 기술을 활용하여 실질적인 비즈니스 성과를 창출하는 데 집중한다.

결론적으로, AI 트랜스포메이션의 성공은 단순히 기술의 도입 여부에 달린 것이 아니라 이를 수용하고 활용할 수 있는 조직 문화와 구조에 크게 의존한다. 실패를 두려워하지 않는 문화와, 협력과 공유를 중시하는 구조를 가진 조직은 AI 도입의 과정에서 발생하는 어려움을 극복하고 더 큰 성과를 창출할 수 있다. 이러한 변화를 통해 AI 연구 개발 조직, IT 부서, 사업 부서 모두 새로운 기회를 발견하며 조직 전체가 AI 트랜스포메이션의 혜택을 온전히 누릴 수 있다. 그러면 AI 트랜스포메이션은 조직의 혁신과 성장을 촉진하는 강력한 동력으로 자리 잡을 것이다.

AI 트랜스포메이션이 성공하려면 AI 전략은 전사적 전략과 긴밀하게 연계되어야 한다. 전사적 전략은 조직의 비전 목표 그리고 장기적인 방향성을 결정하는 가장 큰 단위의 전략이다. 이러한 연계는 AI가 조직 전체에 걸쳐 가치를 창출하고 AI 도입이 조직의 근본적인 목표와 일치하는 방향으로 진행될 수 있도록 한다.

전사적 전략은 조직의 모든 활동과 의사결정의 기준이 된다. 이는 조직이 어디로 나아갈 것인지, 어떤 목표를 추구할 것인지, 그 목표를 달성하기 위해 어떤 자원을 투입할 것인지 명확히 정의한다. 이는 조직의 모든 부서와 팀이 일관된 방향으로 움직일 수 있도록 이끌며, 조직 전체가 하나의 목표를 향해 조화롭게 나아가게 한다. 따라서 AI 전략은 반드시 회사의 전사적 전략과 긴밀히 연계되어야 그 성공을 보장할 수 있다.

AI 전략이 전사적 전략과 일치해야 하는 이유는 AI는 그 자체로 목적이 아니라 조직의 목표를 달성하기 위한 도구이기 때문이다. AI를 도입하는 궁극적인 이유는 조직이 설정한 목표를 더 효과적으로 실현하려는 데 있다. 따라서 AI 전략은 전사적 전략과 긴밀히 연결되어야 혼란을 줄이고 자원의 낭비를 방지할 수 있다.

예를 들어 고객 경험 개선과 고객 중심의 비즈니스 구축을 전사적 전략으로 설정한 회사라면, AI 전략 역시 이 목표에 부합해야 한다. 그래야만 AI 도입이 조직의 목표를 실질적으로 지원하고 성공에 기여할 수 있다.

또한, 조직의 장기적인 경쟁력을 강화하는 데 중요한 역할을 할 수 있다. 전사적 전략은 경쟁 시장에서 조직이 우위를 점하기 위한 방향을 제시하며,

AI 전략은 이를 실현하는 강력한 수단이 된다. 예를 들어 제조업체가 비용 절감과 생산성 향상을 전략의 핵심 목표로 삼는다면, AI 전략은 자동화와 효율성 증대를 통해 이러한 목표를 지원해야 한다. AI를 활용해 생산 공정을 최적화하고 비용을 절감하며 생산성을 높이는 데 집중함으로써, 조직의 전사적 전략을 강력히 뒷받침할 수 있다.

AI 전략이 전사적 전략과 일치하면 조직 내 모든 부서와 팀이 동일한 목표를 향해 나아가는 데 중요한 역할을 한다. 이는 조직 전체가 하나의 비전 아래 결집하도록 돕고, AI 도입이 모든 임직원에게 의미 있는 방식으로 받아들여지게 한다. 결과적으로 AI는 단순한 기술 도구를 넘어 조직 전체의 혁신과 성장을 이끄는 핵심 요소로 자리 잡을 것이다.

마지막으로, AI 전략이 전사적 전략과 긴밀히 연계되어야 하는 이유는 조직의 자원을 효과적으로 활용하기 위해서다. 전사적 전략은 자원 배분의 기준이 되며, AI 전략이 이에 부합하지 않으면 혼란과 비효율이 발생할 수 있다. AI 도입에는 기술적, 인적, 재정적 자원이 필요하며, 이러한 자원들이 전사적 전략에 따라 효과적으로 배분되어야만 AI 도입의 성과를 극대화할 수 있다.

CHAPTER

5

성공을 이끄는
STEP 전략

AI 트랜스포메이션을 성공적으로 이루기 위해서는 단순히 기술을 도입하고 실행하는 것 이상의 노력이 필요하다. 정교하게 설계된 시계가 각 부품이 정확히 맞물려야 제대로 작동하듯, AI 트랜스포메이션도 다양한 요소가 긴밀히 협력하고 조화를 이루어야만 성공할 수 있다. 여기서 제안하는 **STEP 전략**을 활용한다면 점진적으로 성과를 창출할 수 있는 선순환 구조를 세울 수 있을 것이다.

STEP 전략은 도미노 게임처럼 작은 성공이 연이어 다음 성공으로 이어지는 방식으로 설계되었다. 첫 번째 성공이 다음 성공을 부르고, 그 성공이 또 다른 성공을 이끌어내는 일련의 과정이 반복되면서 조직 전체가 자연스럽게 혁신의 흐름 속으로 들어가게 된다. 하지만 첫 도미노를 쓰러뜨리기가 가장 어렵다. 새로운 기술을 도입하고 이를 통해 조직의 변화를 이끌어내는 과정에서는 불확실성과 도전에 직면하기 마련이다. 하지만 이 과정을 신중하게 설계하고 전략적으로 추진한다면, 작은 성공들이 차곡차곡 쌓여 결국 조직의 더 큰 목표를 달성하는 데 도움이 될 것이다.

STEP 전략의 핵심은 단순히 성공을 반복하는 것이 아니라, 각 단계에서 얻은 교훈을 바탕으로 점점 더 큰 성과를 창출하는 데 있다. 마치 나선형 계단을 오르는 과정과 유사하다. 단계별로 앞으로 나아가며 점차 더 높은 위치에 도달하고, 더 넓은 시야와 더 큰 목표를 바라보는 것이다. 첫 번째 성공이 조직에 긍정적인 영향을 미치면, 임직원들은 자신감과 동기를 얻어 더 큰 도전 과제에 기꺼이 나선다.

특히 STEP 전략은 기술적 성과에만 국한되지 않는다는 점에서 흥미롭다. 이 전략은 조직의 문화, 리더십, 의사결정 방식 등 다양한 측면에 걸쳐 긍정적인 영향을 미친다. 성공적인 AI 트랜스포메이션은 단순한 기술적 성취에 그치지 않고 조직 전체의 변화와 성장을 이끌어내며, 이는 다시 AI 도입의 성공을 더욱 강화하는 긍정적인 순환을 형성한다.

STEP 전략은 AI 트랜스포메이션의 성공을 위한 필수적인 요소다. 이 구조가 잘 구축되면 AI 트랜스포메이션은 단순한 기술 도입을 넘어 조직의 장기적인 혁신과 경쟁력을 강화하는 데 강력한 원동력이 될 것이다. 이제 STEP 전략이 AI 트랜스포메이션에 어떻게 기여하는지, 그리고 이를 성공적으로 구현하기 위해 무엇을 고려해야 하는지 구체적으로 살펴보자.

전략 수립, Strategy(S)

AI 트랜스포메이션을 위한 AI 전략 수립은 오늘날 기업이 직면한 중요한 과제 중 하나다. AI 혁신이 가속화되면서 기술적 트렌드를 넘어 기업의 경쟁력을 좌우하는 핵심 요소로 자리 잡고 있다. 하지만 단순히 AI를 도입한다고 해서 그 잠재력을 온전히 발휘할 수 있는 것은 아니다. AI가 조직에 제공할 수 있는 기회를 최대화하고, 그 과정에서 발생할 수 있는 도전과 한계를 명확히 이해하며 이를 전략적으로 활용하려면 철저하고 체계적인 전략 수립이 필수적이다.

AI는 조직의 목표를 달성하기 위한 강력한 도구이지만, 이를 잘못 활용하면 오히려 혼란을 초래할 수 있다. AI의 효과를 극대화하려면 복잡한 기술을 조직의 목표와 방향에 맞게 정렬하는 전략적 계획이 필요하다.

또한, AI 전략은 조직 내 모든 부서와 팀이 동일한 목표를 향해 나아가도록 조율하는 데 핵심적인 역할을 한다. AI 도입은 조직 전체의 변화와 혁신을 요구하는 과정이다. AI 전략은 각 부서가 AI 도입 과정에서 맡아야 할 역할을 명확히 정의함으로써 조직 전체가 조화롭게 협력할 수 있도록 이끈다. 예를 들어 AI가 고객 서비스를 개선하기 위해 도입된다면 AI 연구개발 부서는 알고리즘을 개발하고, IT 부서는 기술적 지원을 제공하며, 마케팅 부서는 데이터를 제공하고, 고객 서비스 부서는 AI 도입 후의 운영 방안을 마련해야 한다. 이러한 협력이 이루어지지 않으면 AI 도입의 효과를 충분히 실현하기 어려울 것이다.

AI 전략 수립은 리소스를 효율적으로 배분하는 데도 필수적이다. AI 도입에는 기술적, 인적, 재정적 자원이 필요하며, 이러한 자원은 한정적이기 때문에 신중한 계획이 필요하다. 전략을 통해 조직은 자원을 어떤 영역에 집중할지, 어떤 기술을 도입할지, 그리고 이를 통해 기대할 수 있는 성과가 무엇인지 명확히 파악할 수 있다. 이를 통해 불필요한 자원 낭비를 막고, AI 도입의 성과를 극대화할 수 있다.

AI 전략 수립

그림 5-1 조직이 AI 도입을 성공적으로 수행하기 위해서는 AI 전략 수립이 필요하다. 이는 항해하는 배들이 안전하게 운행하도록 안내하는 등대의 역할과도 같다.

AI 전략 수립은 여행을 준비하는 과정과도 같다. 목적지가 어디인지, 어떤 경로로 갈 것인지, 그 여정에서 필요한 자원과 도구는 무엇인지 명확히 이해하지 못한 채 여행을 떠난다면 길을 잃거나 목표에 도달하지 못할 위험이 크다. AI 전략 수립은 이와 같은 준비 과정을 통해 조직이 AI 도입의 여정을 성공적으로 마칠 수 있도록 돕는 것이다. AI 전략 수립의 구체적인 과정과 그 중요성에 대해 더 깊이 탐구해보자. 이 과정에서 조직은 AI의 잠재력을 최대한 활용하고 이를 통해 지속 가능한 성장을 이끌어낼 수 있는 방법을 모색할 것이다. AI 전략 수립은 단순한 기술적 계획이 아니라 조직의 미래를 결정짓는 중요한 요소임을 기억해야 한다.

비즈니스 문제 도출

AI 전략을 수립하기 위해 중요한 첫 단계는 조직이 직면한 비즈니스 문제를 도출하는 것이다. 비즈니스 문제를 도출하는 과정은 단순히 표면적인 문제를 파악하는 데 그치지 않는다. 이는 조직이 현재 직면한 문제뿐만 아니라 미래에 직면할 수 있는 도전과 기회를 포괄적으로 이해하는 과정이다. 비즈니스 문제는 매우 다양할 수 있으며 조직의 성격 산업의 특성 시장의 변화 등에 따라 그 형태와 우선순위가 달라진다. 따라서 상황에 맞는 비즈니스 문제를 정확히 도출하는 것이 AI 전략 수립의 첫걸음이 된다.

예를 들어 소매업체는 재고 관리를 최적화하거나 고객의 구매 패턴을 예측해 맞춤형 마케팅을 제공하려고 할 수도 있다. 또는 공급망의 효율성을 높이거나 온라인과 오프라인 판매 채널을 통합하려는 과제를 안고 있을 수도 있다. 이처럼 비즈니스 문제는 매우 다양하며 각 문제는 다른 AI 솔루션을 요구한다. 그렇기 때문에 AI 전략을 수립하기 전에 조직이 해결해야 할 핵심 비즈니스 문제를 명확히 정의하는 것이 필수적이다.

비즈니스 문제를 도출하는 과정에서는 먼저 조직의 목표와 우선순위를 명확히 파악해야 한다. 이때 현재 직면한 문제를 해결하는 것에 그치지 않고 장기적인 성장을 위해 어떤 문제를 해결해야 하는지, 그 문제의 해결이 조직 전체에 어떤 영향을 미칠지 고려해야 한다. 이러한 과정을 통해 조직은 AI가 어디에서 가장 큰 가치를 창출할 수 있는지, 어떤 비즈니스 문제에 우선적으로 AI를 적용해야 할지 명확히 할 수 있다.

비즈니스 문제를 도출할 때는 조직 내 다양한 부서와 이해관계자들의 의견을 수렴하는 것이 중요하다. 비즈니스 문제는 한 부서에서만 발생하는 것이 아니라 여러 부서에 걸쳐 복합적으로 나타날 수 있기 때문이다. 예를 들어 고객 서비스 부서는 고객 응대의 효율성을 높이는 것이 주요 과제일 수 있고, IT 부서는 데이터 관리와 분석의 정확성을 높이는 것이 중요할 수 있다. 이러한 다양한 관점을 종합해 조직 전체의 비즈니스 문제를 도출하는 것이 필요하다.

비즈니스 문제를 도출하는 과정에서 간과하지 말아야 할 또 다른 요소는 문제의 우선순위다. 모든 문제를 한꺼번에 해결하려고 하면 자원과 시간의 낭비가 발생할 수 있다. 따라서 비즈니스 문제를 도출한 후에는 어떤 문제가 조직에 가장 큰 영향을 미치는지, 어떤 문제가 가장 시급하게 해결되어야 하는지 평가하는 과정이 필요하다. 그래야 조직의 자원을 효율적으로 사용하며 가장 큰 가치를 창출할 수 있는 문제에 집중할 수 있다.

비즈니스 문제를 도출할 때는 미래의 가능성도 고려해야 한다. AI는 빠르게 발전하는 기술로 현재의 문제뿐만 아니라 미래의 도전과 기회에도 대응해야 한다. 예를 들어 현재의 시장 변화나 기술 발전에 따라 앞으로 발생할 수 있는 문제를 예측하고 이에 대비할 수 있는 AI 전략을 수립하는 것이 중요하다. 이러한 예측은 조직이 미래의 변화에 신속하게 대응할 수 있는 능력을 갖추는 데 필수적이다.

조직의 목표와 우선순위에 맞는 문제를 명확히 정의하고 이를 해결하기 위한 AI 솔루션을 개발하는 것이 AI 전략 수립의 핵심이다. 비즈니스 문제를 잘못 도출하면 AI 전략은 잘못된 방향으로 나아갈 수 있으며 이는 조직의 시간과 자원을 낭비할 수 있다. 따라서 비즈니스 문제 도출 과정은 매우 신중하고 체계적으로 이루어져야 하며, 이를 통해 AI가 조직의 목표 달성에 실질적으로 기여해야 한다.

최근 생성형 AI의 발전으로 인해 AI를 생성형 AI와 동일시하는 사람들이 많다. 생성형 AI만으로 모든 문제가 해결될 것처럼 기대하며, 이를 무턱대고 도입하려는 유혹에 빠지기 쉽다. 물론 생성형 AI는 텍스트 생성, 이미지 생성, 코드 작성 등 다양한 창의적 작업을 수행할 수 있는 강력한 도구다. 하지만 생성형 AI를 포함한 모든 AI 기술은 각각 특정 문제를 해결하기 위해 설계되었기 때문에, 문제에 적합한 AI를 선택하는 것이 무엇보다 중요하다.

특히 생성형 AI는 특정 상황에서 탁월한 성과를 내지만, 모든 비즈니스 문제에 적합한 것은 아니다. 예를 들어 고객의 질문에 창의적으로 답변하는 챗봇에는 유용하지만, 재고 관리나 공급망 최적화와 같은 문제에는 한계가 있다. 따라서 AI 전략을 수립할 때는 조직이 직면한 비즈니스 문제를 명확히 파악하고, 이에 가장 적합한 AI 솔루션을 선택하는 것이 핵심이다.

비즈니스 문제를 명확히 도출하는 것이 중요한 이유를 쉽게 이해하기 위해 예를 들어보자. 의사가 환자의 증상을 듣고 병을 진단하듯, 조직도 먼저 자신이 겪고 있는 '증상'을 정확히 파악해야 한다. 만약 두통을 호소하는 환자, 복통을 호소하는 환자, 다른 통증을 호소하는 환자에게 의사가 무턱대고 같은 약을 처방한다면, 일부는 효과를 볼 수 있겠지만 나머지는 오히려 상태가 악화될 수도 있다. 이처럼 조직이 직면한 문제를 제대로 이해하지 못한 채 AI를 도입하면 문제 해결은커녕 더 큰 혼란을 초래할 수도 있는 것이다.

생성형 AI를 다양한 분야에 적용하고 싶은 유혹을 느끼기 쉽지만, 생성형 AI를 활용해 광고 카피를 만들더라도 고객층을 정확히 겨냥하지 못하면 일시적으로 화제는 될지 몰라도 결국 실패로 이어질 것이다. 반면, 고객 데이터를 철저히 분석하고 고객의 니즈를 정확히 파악한 후에 생성형 AI를 사용해 개인화된 메시지를 제작한다면 더 큰 효과를 얻을 수 있다.

최근 들어 "GPT로 다 할 수 있는데요?"라는 말을 자주 듣는다. 생성형 AI는 놀라운 가능성을 제공하지만, 모든 문제를 이 기술만으로 해결하려 들면 때로는 잘못된 방향으로 나아갈 위험이 있다. 아무리 강력한 도구라 하더라도 모든 문제에 최적의 솔루션은 아니다. 특히 AI 기술의 본질과 한계를 이해하지 못한 채 GPT의 표면적인 성능만 보고 모든 문제를 해결할 수 있다고 믿는 사람들을 설득하는 일은 상당한 에너지를 소모한다. 이는 마치 의사에게 "모든 병에 같은 약을 쓰면 되지 않나요?"라고 묻는 것과 비슷하다.

고객 데이터를 분석하고 미래 트렌드를 예측하려면 GPT보다는 데이터 분석과 예측에 특화된 AI가 더 적합하다. GPT는 정밀한 숫자 분석이나 복잡한 최적화 문제를 해결하는 데는 아직 한계가 있다. 그러나 이러한 한계를 설명하고 이해시키는 것은 쉽지 않다. GPT의 화려한 성능이 널리 알려지면서 모든 문제를 해결할 수 있다는 과도한 기대가 형성되었기 때문이다.

이로 인해 AI 개발자들은 종종 피로감을 느낀다. GPT의 한계를 반복해서 설명하고, 각 문제에 가장 적합한 AI 솔루션을 선택해야 한다는 점을 설득하려면 시간이 걸리고 많은 에너지를 소모한다. 특히 GPT가 아닌 다른 솔루션을 선택해야 하는 이유를 논리적으로 설명하고, 이에 동의하지 않는 사람들을 설득하는 과정은 때로는 지치는 작업이다.

AI 전략 수립의 핵심은 문제를 정확히 도출하고 그 문제에 가장 적합한 도구를 선택하는 것이다. GPT와 같은 생성형 AI는 분명 혁신적인 도구이지만 모든 문제를 해결할 수 있는 것은 아니다. AI 개발자들이 겪는 피로감은 이러한 사실을 이해시키고 설득하는 과정에서 오는 것이며 이를 해결하기 위해서는 조직 전체의 AI에 대한 이해 수준을 높이는 것이 필요하다. 모든 문제를 GPT로 해결하려는 접근보다는 각 문제를 제대로 정의하고 발굴하여 적용하는 것이 성공적인 AI 전략의 열쇠다.

AI 비즈니스 모델과 전략 수립

비즈니스 모델은 조직이 가치를 창출하고 전달하며 수익을 창출하는 방법을 정의하는 기본 틀이다. AI 비즈니스 모델은 AI에 초점을 맞춘 비즈니스 모델을 의미한다. AI 트랜스포메이션 시대에 기존의 비즈니스 모델을 유지하는 것만으로는 경쟁에서 살아남기 어렵다. AI 기술은 시장의 판도를 바꾸고 있으니 이러한 변화에 발맞추어 비즈니스 모델을 재설계해야 한다.

AI는 새로운 비즈니스 기회를 창출하고 기존의 가치를 재정의할 수 있는 능력을 가지고 있다. 따라서 비즈니스 모델은 AI를 통해 어떻게 가치가 창출되고 고객에게 전달될 것인지, 어떻게 수익을 거둘 것인지에 대한 명확한 청사진을 제시해야 한다. 이러한 모델이 없으면 AI 도입의 효과를 극대화할 수 없으며 비즈니스의 지속 가능성도 위협받는다.

AI 트랜스포메이션은 단순히 기존 프로세스에 AI를 추가하는 것이 아니라, 근본적으로 AI 기반의 새로운 비즈니스 모델을 발굴하는 것을 목표로 한다. 이러한 AI 비즈니스 모델은 계층적으로 설계될 수 있으며, 각 산업과 조직이 처한 환경에 따라 달라져야 한다. 따라서 유연하게 설계된 AI 비즈니스 모델만이 변화하는 시장 환경에 신속히 대응할 수 있다.

여기서는 3단계 AI 비즈니스 모델을 제안한다. 이를 간단히 말하면, 1단계가 가장 큰 단위, 3단계는 가장 작은 단위로 이해하면 된다.

먼저 가장 큰 1단계 AI 비즈니스 모델은 조직 전체의 AI 전략을 포함하며, 변화하는 데 시간이 많이 걸린다. 이 단계는 조직의 장기적인 방향성과 목표를 설정하는 역할을 하기 때문에 안정적이고 지속 가능한 모델이어야 한다. 예를 들어 AI를 통해 글로벌 시장에서의 리더십을 확보하는 것을 목표로 한다면 이 단계의 AI 비즈니스 모델은 AI 기술을 기반으로 한 제품 혁신, 글로벌 확장 전략, 파트너십 형성 등을 포함할 것이다.

2단계는 특정 사업 부서나 기능별로 설계되며, 1단계 비즈니스 모델보다는 더 자주 조정될 수 있다. 예를 들어 마케팅 부서는 AI 기반 데이터 분석을 통해 고객 세분화를 강화하고 맞춤형 마케팅 캠페인을 진행하는 전략을 수립할 수 있다.

단계	설명	유연성	목적	주요 구성 요소	적용 사례	조직 내 책임자
1단계	조직 전체 전략 방향성 설정	가장 낮음 (변경 주기: 장기적)	장기적 성장 방향 설정 및 경쟁력 확보	조직의 비전, 미션 핵심 가치	글로벌 AI 전략 수립, 핵심 제품 혁신	CEO, 이사회, 최고전략 책임자 (CSO)
2단계	특정 사업 부서 및 기능별 전략 설정	중간 (변경 주기: 중기적)	부서별 목표 달성과 성과 극대화	부서별 목표, 성과 지표, 기능별 AI 활용 전략	AI 기반 고객 마케팅 전략, AI 기반 생산성 향상 전략	부서장(예: 마케팅 이사), 부서 전략 담당자
3단계	특정 프로젝트나 활동에 초점을 맞춘 실행 계획	가장 높음 (변경 주기: 단기적)	구체적인 활동 신속한 성과 창출	개별 프로젝트 목표, 운영 계획, 실시간 데이터 분석 및 조정	특정 프로모션, AI 캠페인, AI 기반 고객 지원 서비스 개선	프로젝트 총괄, 팀 리더, 담당 매니저

표 5-1 AI 비즈니스 모델의 계층적 구조와 유연성 비교

3단계는 특정 프로젝트나 개별 활동에 초점을 맞추며, 가장 자주 변경되는 모델이다. 현장의 변화에 빠르게 대응하기 위한 모델로, 필요에 따라 자주 조정 및 최적화된다.

AI 트랜스포메이션에서 각 단계의 전략은 단일 목표나 접근 방식에 국한되지 않으며 다수의 전략이 동시에 존재할 수 있다. 이러한 전략은 독립적으로 존재하는 것이 아니라 유기적으로 얽혀 서로를 보완하고 강화한다. 이 복잡한 전략적 네트워크는 조직이 다양한 비즈니스 목표를 달성하는 데 있어서 필수적인 역할을 한다.

1단계에서 설정된 조직 전체 전략은 다방면의 목표를 포함할 수 있으며 이를 달성하기 위해서는 다양한 하위 전략이 필요하다. 상위 전략은 2단계에서 부서별로 세분화되어 구체적인 전략으로 발전한다. 이때 부서별로 설정된 전략들은 각기 다른 기능과 목적을 가지지만 상위 전략을 실현하기

위해 상호 연계된다. 3단계에서는 이 전략들이 구체적인 프로젝트나 실행 계획으로 구체화되며 각 프로젝트는 특정 부서 전략의 실행을 담당하지만 동시에 다른 부서의 전략과 상호작용한다. 이러한 상호작용은 전략적 목표 의 실현을 위해 중요한 시너지 효과를 창출할 수 있다. 또한 각 단계의 전략 은 시간이 지나면서 변화하고 확장될 수 있다. 초기의 전략이 특정 문제를 해결하기 위한 것이었다면, 성공적인 실행 후에는 다른 부서로 확장되거나 새로운 기능과 통합되어 더 큰 전략적 목표를 추구해야 할 것이다.

AI 트랜스포메이션에서의 각 단계의 전략은 밀접하게 연결된 복잡한 네트워크를 형성하며, 이 네트워크는 지속적인 혁신과 변화에 대응하기 위 한 유연성과 확장성을 제공한다. 표 5-2의 예시는 전자상거래 조직의 CEO 가 고객이 주문한 물품을 최대한 빠르게 배송해서 고객 만족도를 극대화하 기 위해 물류 및 운영의 AI 트랜스포메이션을 계획했을 때의 비즈니스 모델 이다.

단계	구체적인 예시	역할	단계 간 관계
1	고객 만족도 극대화를 위한 AI 기반 배송 효율성 개선	장기적인 성장과 시장에서의 경쟁력 강화를 위한 전체 조직 전략 설정	최상위 조직에서 고객 만족도 향상을 위한 조직 전체 전략으로서 배송 효율성을 높이기 위해 AI 기반으로 운영을 개선하기로 결정
2	배송 과정의 AI 활용 효율성 도출 및 검증	배송 효율성을 위한 문제 도출, 효율성 향상 기준 수립 및 측정	1단계에서 설정된 조직 전체 전략을 실현하기 위한 문제 도출, 효율화 전략과 기준 수립 및 실행
3	AI 기반 배송 경로 최적화 시스템	실시간 배송 경로 최적화, 배송 시간 단축 및 운영 비용 최소화	1단계 전략의 실행 및 상위 조직 전략 (2단계)의 보완을 위해 AI 기반 배송 경로 최적화로 고객에게 배송되는 시간 단축, 조직 전체 목표 달성 기여

표 5-2 전자상거래 조직의 AI 비즈니스 모델 예시

3단계의 실시간 배송 경로 최적화 시스템은 단순히 배송 경로를 최적화하는 데 그치지 않고 새로운 비즈니스 기회를 창출하는 중요한 자산이 된다. 이 시스템을 통해 수집된 방대한 데이터는 특정 시간대와 지역에서의 배송 효율성, 고객이 선호하는 시간대, 다양한 배송 루트에 대한 실질적인 성과를 분석할 수 있는 귀중한 자료로 활용될 수 있기 때문이다. 이 데이터를 바탕으로 배송 효율성 최적화 컨설팅 서비스를 제공할 수 있다. 쿠팡과 같은 전자상거래 조직은 이 기술을 소규모 배송 업체나 지역 기반 유통 조직에 제공함으로써 추가적인 수익을 창출할 수 있다. 이러한 데이터 기반 컨설팅 서비스는 배송 네트워크를 최적화하고 배송 시간을 줄이며 고객 만족도를 향상시키는 데 큰 도움을 줄 것이다.

또한 실시간 배송 경로 최적화 시스템을 고도화하여 AI 기반의 예측적 배송 관리 서비스를 개발할 수 있다. 이 서비스는 배송 수요를 예측하고 이에 맞추어 배송 루트를 사전에 최적화하며 인력과 차량 배치를 효율적으로 관리하는 기능으로 발전할 것이다. 그러면 예상치 못한 배송 지연을 최소화하고 더욱 정확한 배송 시간을 약속할 수 있다.

실시간 배송 경로 최적화 시스템을 활용해 지능형 배송 서비스를 구축할 수도 있다. 예를 들어 AI를 통해 도심지에서의 효율적인 배송 루트를 실시간으로 조정하여 교통 혼잡을 피하고 더 빠른 경로로 배송을 완료하는 서비스를 제공하는 것이다. 특정 시간대에 집중되는 배송 요청을 분산시키기 위한 전략도 이 시스템을 통해 마련할 수 있다. 이와 같은 지능형 배송 서비스는 도심 지역에서 배송 시간을 크게 단축시키고 고객 만족도를 높이는 데 기여할 것이다.

이처럼 한 번의 혁신을 이끌어내는 데 그치지 않고 지속적으로 확장하고 유연하게 성과를 창출할 수 있다. 이러한 다양한 전략을 통해 AI는 새로운 비즈니스 영역을 개척하고 조직의 성장을 다각화하는 중요한 도구로 발전할 것이다.

아마존이 클라우드 사업을 시작한 계기도 그러했다. 아마존은 블랙프라이데이나 크리스마스 등 특별한 이벤트 때 주문 물량이 폭주하면서 이를 감당하기 위해 서버를 증설했다. 그러나 몇몇 이벤트 때문에 증설한 서버가 유휴 자원이 된다는 것에 대해 고민했고, 다른 회사에 서버를 대여하는 사업을 시작했던 것이다.* 고객이 집에서 편리하게 온라인으로 책을 구매하게 하겠다는 1단계 비즈니스 모델하에서 고객이 불편을 겪지 않게 하기 위해 서버를 증설한 2단계 비즈니스 모델이 확장된 결과, 현재 아마존 매출의 큰 부분을 감당하는 새로운 사업으로까지 발전했다.

AI 트랜스포메이션은 기술에 기반한 변화이기 때문에 전통적인 비즈니스 모델과 AI 모델이 어떻게 작동하고 가치를 창출하는지를 깊이 있게 파악해야 한다.

전통적인 비즈니스 모델은 IT 시스템을 효율성 향상의 도구로 활용해왔다. IT 시스템은 프로세스를 자동화하고 데이터를 저장하고 관리하며 조직의 정보 흐름을 지원한다. 예를 들어 전통적인 조직에서는 전사적 자원 관리enterprise resource planning, ERP 시스템을 통해 자원 관리 회계 생산 유통 등의 업무를 체계적으로 관리한다. 이러한 시스템은 업무의 효율성을 높이고 오류를 줄이며 의사 결정을 지원하는 데 중요한 역할을 한다. 그러나 IT는

---

*   https://www.chosun.com/national/nie/2024/08/06/RRIGCBPCDVFEDFYFIS475QEGFM/

보조적인 역할에 그친다. 비즈니스 전략과 의사 결정의 중심에는 여전히 사람의 경험과 직관이 있으며 IT 시스템은 이 과정을 지원하는 도구로 사용된다. 이러한 모델에서 기술은 기본적으로 정보를 제공하고 프로세스를 자동화하며 비용을 절감하는 역할을 한다. 비즈니스의 성패는 주로 인적 자원, 마케팅 전략, 운영 효율성 등 사람 중심의 요소에 달려 있다.

그와 달리 AI 비즈니스 모델에서는 기술이 전략의 중심에 자리하며 데이터와 알고리즘이 비즈니스 성과를 좌우하는 중요한 요소로 작용한다. 사람을 중심에 두고 사고하는 것이 아니라 AI를 중심에 두고 변화를 사고하는 것이 성공적인 AI 트랜스포메이션의 첫걸음이다. 이는 그림 5-2를 참고하면 이해가 더 쉬울 것이다.

과거에는 문제를 해결하기 위해 사람이 주도적으로 나서고, 기술은 이를 보조하는 역할을 했다. 사람의 역량을 최우선으로 고려하며 기술을 보조적으로 활용하는 방식은 조직 개편이나 프로세스 정립에도 반영되었다.

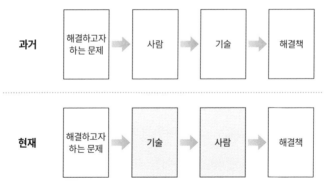

그림 5-2 전통적인 문제 해결을 위한 방식과 AI 기반의 문제 해결을 위한 방식의 차이. 과거에는 사람이 기술을 사용하여 해결책을 제시했지만, 이제는 점차 기술이 사람을 활용하여 해결책을 제시하는 방식으로 패러다임 변화가 일어나고 있다.

그러나 이제는 기술이 문제 해결의 중심에 서고, 사람이 이를 지원하는 역할을 맡는 시대가 다가오고 있다.

예를 들어 과거에는 공정 과정에서 발생한 문제를 사람이 모니터링 기술을 활용해 감지하고 원인을 분석한 뒤 해결책을 제시했지만, 지금은 AI 기술이 데이터를 수집하는 데 사람을 활용하고, 그 데이터를 기반으로 문제 발생 원인과 해결책까지 제시하고 적용하는 방식으로 변화했다.

물론, 아직 AI가 사람만큼 잘 작동하지 않는다는 점은 분명하다. 하지만 특정 분야에서는 이미 사람의 능력을 뛰어넘었으며, 이렇게 특정 영역에 특화된 narrow AI를 개발하는 것은 비교적 쉬운 일이 되었다.

따라서 AI 트랜스포메이션을 이끌어야 하는 CEO나 핵심 전략 설계자들은 이러한 기술이 최상의 성능을 발휘할 수 있도록 조직 개편이나 프로세스 재정립에 집중해야 한다. 기술 활용을 우선시하는 환경을 만들기 위해 인력을 배치하거나 조정하는 접근이 필요하다.

이 과정은 근로자들에게 받아들이기 어려울 수 있으며, 시대적 변화를 과장된 것으로 여길 수 있다. 그러나 AI의 발전은 피할 수 없는 현실이며, 이러한 변화를 수용하지 못한다면 AI 트랜스포메이션 과정에서 심각한 난관에 부딪힐 수 있다.

"해결하고자 하는 문제를 인식하고 AI 기술을 보유했다면, 이제는 기술이 원활히 작동할 수 있도록 사람을 보조적으로 활용하는 전략을 설계해야 하는 시대를 맞이하고 있다. 이는 AI 트랜스포메이션을 추진하기 위한 CEO와 핵심 전략 설계 담당자들이 염두에 두어야 하는 부분이다."

전통적인 비즈니스 모델에서는 기술이 보조적인 역할에 머물렀지만, AI 비즈니스 모델에서는 기술 자체가 비즈니스의 핵심이 된다. AI는 단순한 자동화 수준을 넘어 비즈니스 전략의 중심에 자리하며, 데이터를 기반으로 끊임없이 학습하고 적응하는 능력을 통해 조직의 경쟁력을 극대화한다.

이러한 특성으로 AI 비즈니스 모델은 미래 비즈니스 환경의 필수 요소가 되었으며, 조직은 이를 통해 지속 가능한 성공을 이끌어낼 수 있다.

다만, 이 책에서는 AI 비즈니스 모델의 세부적인 내용을 다루기에는 제한이 있어 이에 대한 논의를 생략한다. AI 비즈니스 모델에 대해 더 깊이 알고 사례를 살펴보고 싶다면 《AI는 회사에서 어떻게 쓰이는가》(생능출판사, 2025)를 참고하기를 권한다. 이 책이 주로 다루는 AI 트랜스포메이션 전략 설계와 함께 AI 비즈니스 모델에 대해 심층적으로 다룬 책을 함께 읽는다면 더욱 큰 도움이 될 것이다.

AI 비즈니스 모델을 성공적으로 구현하기 위해서는 데이터와 알고리즘이 비즈니스의 중심에 자리하도록 조직의 전략과 구조를 재편해야 한다. AI의 잠재력을 극대화하려면 비즈니스 모델의 계층적 구조를 이해하고 변화하는 환경에 맞게 유연하게 대응할 수 있는 능력을 키워야 한다. 이는 곧 조직이 새로운 가치를 창출하고 지속 가능한 경쟁 우위를 확보하는 데 중요한 열쇠가 될 것이다.

AI 비즈니스 모델을 통해 우리는 예측할 수 없는 미래를 대비할 뿐만 아니라 그 미래를 선도할 수 있다. 이제는 AI를 단순한 도구로 여기지 말고 AI가 가져올 새로운 비즈니스 기회를 포착하고 이를 통해 더 나은 세상을 만들어나가는 데 적극적으로 나서야 할 때다.

유휴 자원(idle resources)

IT 시스템에서 사용되지 않고 있는 자원을 의미한다. 이는 컴퓨터 서버 네트워크 대역폭 등 여러 가지 자원이 포함될 수 있다. 예를 들어 서버가 24시간 가동되고 있지만 실제로는 일정 시간 동안만 사용되고 나머지 시간에는 거의 사용되지 않는다면 그 시간 동안의 서버 자원이 유휴 자원에 해당한다. 이는 효율적으로 관리되지 않으면 불필요한 비용을 초래할 수 있다.

전사적 자원 관리(enterprise resource planning, ERP)

경영 정보 시스템의 한 종류로 조직의 모든 자원(인력, 자재, 자금, 정보 등)을 통합적으로 관리하는 소프트웨어 시스템이다. 조직의 생산, 재무, 인사, 구매, 판매 등 다양한 비즈니스 프로세스를 시스템에서 관리할 수 있도록 도와준다.

약인공지능(narrow AI)

특정 작업이나 문제를 해결하기 위해 설계된 인공지능을 말한다. 이는 인간처럼 모든 작업을 수행할 수 있는 범용 AI와는 달리, 한 가지 특정한 작업을 매우 뛰어나게 수행하도록 만들어진 AI다. 예를 들어 음성 인식, 이미지 분석, 또는 체스 게임에서 최적의 수를 계산하는 AI가 대표적인 사례다. 이러한 약인공지능은 특정 분야에서 인간의 능력을 뛰어넘는 결과를 보여줄 수 있다.

데이터 전략 수립

외부에서 얻는 데이터를 활용한다면, 이 부분을 읽지 않아도 좋다. 외부 데이터는 누구나 접근할 수 있는 자원으로, 이를 기반으로 만들어진 AI는 데이터 관점에서 경쟁자와 차별화하기가 어렵다. 외부 데이터로만 만들어진 AI는 독창적인 알고리즘과 뛰어난 성능으로 차별화를 시도해야 한다. 반면, 사내의 고유한 데이터를 활용한다면 이번 내용이 큰 도움이 될 것이다.

사내 데이터는 조직만이 가진 독점적인 자산이며 이를 효과적으로 활용하면 AI 전략의 진정한 힘을 발휘할 수 있다. 이를 어떻게 활용하느냐에 따라 조직의 미래가 달라진다. 하지만 잘못된 방향으로 나아가거나 필요한 도구를 제대로 사용하지 못하면 길을 잃고 헤맬 수 있기에 데이터 전략을 수립해야 한다.

그림 5-3 데이터 전략에 따라서 전략적으로 활용이 가능할 수도 있고, 잘못된 활용이 될 수도 있다.

데이터를 제대로 활용하기 위해서는 일관된 전략이 필요하다. 예를 들어 고객의 구매 패턴을 분석해 맞춤형 마케팅을 전개하거나 생산 데이터를 활용해 효율성을 극대화하는 일 등이다. 데이터 전략이 일관적이라는 말은 조직의 부서와 팀이 일관된 방향성을 지니고 데이터를 활용한다는 뜻이다. 각 부서가 자기 방식대로 데이터를 사용하고 서로 다른 목표를 추구한다면 조직 전체가 혼란에 빠질 것이다.

일관된 데이터 전략을 유지하는 것이 왜 중요할까? 데이터의 품질과 신뢰성을 보장하기 위해서다. 많은 부서가 동일한 데이터와 분석 기준을 사용하면 각 부서에서 나온 결과를 서로 비교하고 결합할 수 있다. 그러면 더 정확한 인사이트를 얻을 수 있고 잘못된 데이터나 오류로 인해 발생할 수 있는 문제를 최소화할 수 있다. 데이터 전략의 일관성이 없으면 각 부서에서 사용하는 데이터의 기준이 다를 수 있고 그러면 조직 전체의 의사결정이 왜곡될 위험이 있다.

또한 일관된 데이터 전략은 조직의 자원을 효율적으로 활용하는 데 필수적이다. 데이터 전략이 일관성을 유지하면 중복된 작업이나 불필요한 분석에 자원이 낭비되는 것을 막을 수 있다. 모든 부서가 동일한 전략과 목표를 공유할 때 데이터 활용의 시너지가 발생하고 이는 곧, 더 큰 비즈니스 성과로 이어진다.

무엇보다 조직이 장기적으로 지속 가능한 경쟁 우위를 확보하는 데 중요한 역할을 한다. 데이터는 시간이 지남에 따라 더욱 중요해지며 이를 기반으로 한 전략은 조직이 빠르게 변화하는 시장에서 유연하게 대응할 수 있는 힘을 제공한다. 일관된 데이터 전략을 바탕으로 축적된 경험과 기술은 다른 조직이 쉽게 따라올 수 없는 중요한 자산이 된다.

데이터를 조직의 중요한 자산으로 활용하기 위해서는 데이터를 보호하고 관리해야 한다. 그러나 데이터를 자산으로 본다는 말은 이를 단순히 보관하는 것에 그치지 않고 적극적으로 활용하여 가치를 창출한다는 뜻이다. 그러려면 데이터의 보안과 프라이버시 문제를 해결하는 동시에 데이터를 어떻게 효과적으로 분석하고 활용할지에 대한 명확한 전략이 필요하다. 하지만 이 과정에서 데이터의 가치를 극대화하면서도 일관성을 유지하기는 매우 어렵다.

데이터는 누구나 수집할 수 있지만 이를 효과적으로 활용하여 비즈니스 성과로 연결하는 것은 매우 복잡한 과정이다. 이 과정에서 조직이 축적한 경험, 기술적 역량, 조직 내 데이터 활용 문화 등은 쉽게 복제할 수 없다. 한 번 구축된 데이터 전략은 조직의 모든 부서와 기능을 아우르며 일관된 방향으로 데이터를 활용하게 함으로써 강력한 경쟁 우위를 제공한다.

데이터 전략을 다른 조직이 쉽게 복제할 수 없는 이유는 데이터 전략이 기술적 솔루션에 그치지 않고 조직 전체의 운영 방식과 문화 그리고 비즈니스 목표에 깊숙이 뿌리내리기 때문이다. 각 조직은 고유한 비즈니스 모델과 운영 방식을 가지고 있으며 데이터 전략도 이에 맞추어 설계되어야 한다. 이러한 맞춤형 전략은 단순히 다른 조직의 방식을 모방한다고 해서 성공할 수 있는 것이 아니다. 데이터 전략이 성공적으로 실행되려면 조직 내의 모든 부서가 협력하고 데이터 활용에 대한 명확한 이해와 목표를 공유해야 한다. 이 과정에서 조직은 고유의 데이터 자산을 구축하고 이는 경쟁사들이 쉽게 따라올 수 없는 중요한 차별화 요소로 작용한다.

따라서 잘 수립된 데이터 전략으로 확보한 데이터는 단순히 현재의 문제를 해결하는 데 그치지 않고, 미래의 기회를 포착하고 장기적인 성장과 성공을 위한 기반이 된다. 외부에서 쉽게 복제할 수 없는 이 자산은 조직이 시장에서 우위를 확보하는 데 필수적인 역할을 한다.

결론적으로, 데이터 전략을 잘 수립하는 것은 조직의 미래를 보장하는 핵심 작업이다. 이를 통해 얻은 데이터는 단순한 정보가 아니라, 외부 조직이 쉽게 접근할 수 없는 독점적인 자산이다. 잘 관리된 데이터는 조직의 금고 속 보물과도 같으며, 이를 어떻게 활용하느냐에 따라 조직의 미래가 달라질 수 있다. 성공적인 데이터 전략은 독창적인 정보 자산을 통해 누구도 따라올 수 없는 경쟁력을 조직에 부여한다.

데이터 가치 인식

데이터 전략을 세울 때 중요한 요소 중 하나는 데이터의 진정한 가치를 인식하는 것이다. 우리가 일상에서 사용하는 물건처럼 조직도 다양한 데이터를 수집하고 보관한다. 하지만 모든 데이터가 유용한 것은 아니다. 마치 집에 쌓여 있는 물건 중 일부는 정말 필요하지만 어떤 것은 사용되지 않듯이 데이터도 마찬가지다. 중요한 것은 어떤 데이터가 진짜로 가치가 있고 그 데이터를 어떻게 활용할 수 있는지 파악하는 것이다.

예를 들어 고객이 어떤 제품을 선호하고 어떤 시간대에 구매하는지 파악하는 데이터는 매우 귀중하다. 이런 데이터를 잘 활용하면 고객에게 더 적합한 상품을 추천하고 판매를 극대화할 수 있다. 반면, 보관만 하고 있는 데이터는 쓸모가 없을 뿐 아니라 잘못된 결정을 내리게 할 위험도 있다. 데이터를 잘못 사용하면 지난 시즌의 유행을 잘못 파악해 상품을 잘못 준비할 수도 있다. 즉, 조직의 방향을 잘못 설정할 수 있다.

'숨겨진 데이터'란 조직이 수집하고 보유하고 있지만 그 가치를 인식하지 못해 활용되지 않고 있는 데이터를 의미한다. 창고 깊숙한 곳에 숨겨져 있는 잊힌 물건처럼 평소에는 그 가치를 잘 모르고 지나치기 쉽지만 막상 필요할 때 꺼내면 매우 유용한 경우가 많다. 조직이 수집한 데이터 중에도 이렇게 제대로 활용되지 않고 묻혀 있는 것이 있다. 예를 들어 고객 서비스 로그나 직원이 메모해둔 비정형 데이터가 바로 그런 경우에 해당한다. 처음에는 그리 중요해 보이지 않지만 이 데이터를 분석하면 고객의 진짜 문제를 이해하거나 비즈니스 효율성을 높여주는 새로운 인사이트를 얻을 수 있다. 숨겨진 데이터를 제대로 활용하면 조직은 경쟁자들이 미처 알지 못한 기회를 포착할 수 있다. 그리고 이런 데이터의 분석에 AI를 활용하는 것은 적극적으로 검토할 만하다. 이 과정을 거치면 사내와 사외에 어떤 데이터가 묻혀 있는지 전보다 더 잘 파악할 것이다.

그런데 많은 부서가 여전히 데이터를 부수적인 자원으로만 여기는 경향이 있다. 데이터를 IT 부서가 관리하는 기술적 문제로만 간주하며, 이를 전략적으로 활용하는 데 소홀히 하는 모습도 흔하다. 이는 마치 눈앞에 보물을 두고도 그 가치를 깨닫지 못하는 것과 같다.

데이터를 단순한 부수적 자원으로 본다면 중요한 인사이트를 놓칠 위험이 크다. 조직은 데이터를 적극적으로 활용하여 비즈니스 전략을 세우고 더 나은 결정을 내려야 한다. 데이터를 중심에 두고 전략을 수립하는 조직은 시장 변화를 더 빠르고 정확하게 감지하고, 이에 효과적으로 대응할 수 있다.

결국, 데이터의 가치를 올바르게 인식하는 것이 데이터 전략의 핵심이다. 조직은 자신이 보유한 데이터 중 무엇이 진정으로 가치 있는지 파악하고, 숨겨진 데이터를 찾아내며, 필요하면 외부에서 수집할 수 있는 데이터까지 탐색해야 한다. 또한, 데이터를 단순한 부수적 자원이 아닌 핵심 자산으로 인식하는 문화를 만들어야 한다.

이러한 인식이 조직에 자리 잡는다면, 데이터는 단순한 정보가 아니라 조직의 성공을 이끄는 강력한 자산으로 변모할 것이다.

전략적 데이터 수집

지금까지 데이터 가치를 인식하고, 숨겨진 데이터를 분석하며 어떤 데이터가 존재하는지, 무엇을 수집할 수 있는지, 그리고 부족한 데이터는 무엇인지 파악했다. 이제 데이터를 분석할 수 있는 상태로 만들어야 하므로 전략적인 데이터 수집 과정을 살펴보려 한다.

데이터 수집은 단순히 양을 늘리는 것이 아니라, 조직의 목표와 전략에 맞춰 필요한 데이터를 선택적으로 모으는 과정이다. 데이터는 현대 비즈니스의 연료와 같지만, 이 연료를 무작정 모아 쌓아두는 것이 아니라 정확히 필요한 데이터만 전략적으로 수집해야 진정한 가치를 발휘한다.

전략적 데이터 수집이란 단순히 많은 양의 데이터를 모으는 것이 아니라, 조직의 목표와 비즈니스 전략에 맞춰 가장 가치 있는 데이터를 선택적으로 수집하는 것을 의미한다. 데이터를 일단 수집하고 차후에 선별하면 되지 않을까 싶지만, 조직이 사용할 수 있는 자원과 시간은 한정적이다. 특히 규모가 작은 조직은 모든 데이터를 수집하고 분석할 여유가 없으며, 대규모 조직이나 빅테크조차 불필요한 데이터를 저장하는 것은 효율적이지 않다.

모든 데이터가 유용한 것은 아니며, 잘못된 데이터를 수집하면 오히려 자원과 시간을 낭비하게 된다. 예를 들어 고객의 구매 패턴을 분석하는 것이 목적이라면 고객의 구매 이력과 같은 특정한 데이터에 집중해야지, 고객의 관심사와 관련 없는 데이터를 무작정 수집하는 것은 도움이 되지 않는다.

전략적 데이터 수집은 조직이 미래를 대비하는 데 필수적이다. 빠르게 변화하는 시장 환경에서 조직이 성공하려면 변화에 발맞춰 필요한 데이터를 미리 확보해야 한다. 새로운 소비 트렌드가 나타나고 있다면 이를 분석하기 위한 데이터를 미리 수집하는 것이 중요하다. 이렇게 수집된 데이터는 조직이 변화에 신속히 대응하고 새로운 기회를 포착하는 데 도움을 준다.

전략적 데이터 수집을 위해서는 조직이 목표를 명확히 이해해야 한다. 예를 들어 고객 만족도를 높이는 것이 목표라면 고객의 피드백, 서비스 이용 패턴, 구매 이력과 같은 데이터를 중심으로 수집해야 한다. 반면, 생산 효율성을 개선하고자 한다면 생산 과정에서 발생하는 데이터를 꼼꼼히 수집하고 분석해야 한다.

또한 데이터의 품질을 보장하는 것이 중요하다. 아무리 많은 데이터를 수집해도 데이터가 부정확하거나 신뢰할 수 없다면 오히려 잘못된 결정을 내릴 위험이 크다. 따라서 데이터 수집 과정에서는 데이터의 정확성, 일관성, 신뢰성을 반드시 고려해야 한다.

데이터의 유용성을 판단하려면 몇 가지 핵심 기준을 설정하고 이를 바탕으로 데이터를 평가해야 한다. 모든 데이터가 동일한 가치를 지니는 것은 아니며, 특정 상황에서는 매우 중요한 데이터도 다른 상황에서는 무의미할 수 있다. 다음은 데이터를 평가할 때 참고할 수 있는 주요 기준이다.

첫 번째는 **관련성**이다. 데이터가 현재의 비즈니스 목표나 문제와 얼마나 밀접하게 연관되어 있는지를 평가해야 한다. 예를 들어 고객의 구매 패턴이나 시장 트렌드 데이터는 제품 판매 전략을 세우는 데 매우 유용하다. 반면, 오래된 트렌드 데이터나 현재와 무관한 고객 정보는 효과적이지 않을 수 있다.

두 번째는 **정확성**이다. 데이터가 오류 없이 정확하게 수집되었는지를 판단해야 한다. 최신 고객 피드백이나 정확히 기록된 재고 데이터는 신뢰할 수 있는 자료로, 분석에 유용하다. 그러나 잘못 입력된 데이터나 불완전한 데이터는 신뢰성이 떨어져 분석에 오히려 방해가 될 수 있다.

세 번째는 **시의성**이다. 데이터가 얼마나 최신 정보를 반영하고 있는지를 평가해야 한다. 최근 판매 데이터나 최신 시장 정보는 의사결정에 직접적으로 활용할 수 있지만, 오래된 기록이나 낡은 데이터는 현재의 비즈니스 환경에 맞지 않아 활용도가 낮을 수 있다.

네 번째는 **완전성**이다. 데이터가 필요한 모든 정보를 포함하고 있는지 평가해야 한다. 예를 들어 고객의 전체 프로필이나 제품의 전체 이력은 완전한 데이터로 간주된다. 반면, 부분적으로 기록되었거나 중요한 정보가 누락된 데이터는 분석에 도움이 되지 않으며, 결론을 왜곡할 수 있다.

다섯 번째는 **적용 가능성**이다. 데이터가 실제로 분석과 의사결정에 활용될 수 있는지 평가해야 한다. 분석 가능한 형식으로 구조화된 데이터는 유용하지만, 비정형 텍스트 데이터는 분석이 어려울 수 있다. 최근 AI의 발전으로 구조화되지 않은 데이터 분석이 수월해졌지만, 사업 부서나 마케팅 부서의 직원들은 구조화된 데이터에 더 익숙하므로 비정형 데이터의 활용도가 낮을 수 있다.

평가 기준	설명	유용한 데이터 예시	쓸모없는 데이터 예시
관련성	데이터가 현재 비즈니스 목표와 얼마나 직접적으로 연관이 있는가?	고객 구매 패턴, 시장 트렌드 데이터	오래된 트렌드, 관련 없는 고객 데이터
정확성	데이터가 얼마나 신뢰할 수 있고 오류 없이 정확하게 수집되었는가?	최신 고객 피드백, 정확한 재고 데이터	잘못된 입력, 불완전한 데이터
시의성	데이터가 얼마나 최신 정보를 반영하고 있으며 시기적으로 적합한가?	최근 판매 데이터, 최신 시장 데이터	오래된 기록, 구식 데이터
완전성	데이터가 필요한 모든 정보를 포함하고 있으며 불완전한 부분이 없는가?	완전한 고객 프로필, 전체 제품 이력	부분적 기록, 누락된 정보
적용 가능성	데이터가 실제로 분석과 의사결정에 손쉽게 사용될 수 있는가?	분석 가능한 형식의 데이터, 구조화된 데이터	pdf와 같이 OCR 기술이 필요한 데이터
중복성	동일한 데이터가 여러 번 수집되었는가 중복된 데이터는 없는가?	유일한 데이터, 단일 기록	중복된 기록, 반복된 데이터
경제성	데이터를 수집하고 유지하는 데 비용 대비 가치는 충분한가?	가치 있는 고객 정보, 고부가가치 데이터	수집 비용이 높은 불필요한 데이터
법적/ 윤리적 문제	데이터 수집과 사용이 법적/윤리적 기준에 맞는가?	합법적으로 수집된 고객 동의 데이터	그레이 존에 속한 문제 가능성 있는 데이터

표 5-3 데이터의 유용성을 평가할 수 있는 몇 가지 기준들

여섯 번째는 **중복성**이다. 동일한 데이터가 여러 번 수집되었는지 확인해야 한다. 단일 기록이나 유일한 데이터는 가치가 있지만, 중복되거나 반복된 데이터는 불필요하다. 다만, 중복된 데이터가 일정 수준을 넘어서 적재되어 있다면, 매우 유용한 정보일 수도 있으므로 종합적으로 판단해야 한다.

일곱 번째는 **경제성**이다. 데이터를 수집하고 유지하는 데 드는 비용과 그 데이터가 주는 가치를 비교해야 한다. 고객의 중요한 정보나 고부가가치 데이터는 경제적으로 유리하지만, 수집 비용이 높은 불필요한 데이터는 비용 효율성이 떨어진다.

여덟 번째는 **법적/윤리적 문제**를 고려해야 한다. 데이터 수집과 사용이 법적/윤리적 기준에 부합하는지 평가해야 한다. 합법적으로 수집된 데이터는 안전하게 사용할 수 있지만, 법적 문제가 있는 데이터는 큰 리스크를 초래할 수 있다.

통합된 데이터 자산

이 책에서 말하는 **통합된 데이터 자산**은 조직이 보유한 모든 데이터를 하나의 일관된 체계하에서 관리하고, 이를 통해 데이터의 가치를 극대화하는 개념이다. 조직은 다양한 부서에서 여러 종류의 데이터를 수집하고 활용하는데, 이러한 데이터가 각각 따로 관리되면 효율적으로 활용하기 어려울 수 있다. 이를 해결하기 위해, 모든 데이터를 하나의 통일된 형식으로 모아 체계적으로 관리함으로써 데이터를 좀 더 효율적으로 활용하게 하는 것이다.

통합된 데이터 자산은 조직 내 모든 데이터를 하나로 모아 잘 정리된 도서관처럼 운영하는 것이다. 모든 데이터가 체계적으로 분류되고 정리되면,

필요한 사람은 언제든지 쉽게 찾고 사용할 수 있다. 이로써 데이터 중복이나 정보 불일치로 인한 혼란을 줄일 수 있고, 데이터를 기반으로 더 정확하고 신속하게 의사결정을 내릴 수 있다.

통합된 데이터 자산은 조직이 데이터를 최대한 활용하여 더 나은 비즈니스 성과를 이루는 데 중요한 역할을 한다. 이는 데이터를 모으는 것뿐 아니라 정리하고 일관된 방식으로 관리하며 필요한 순간에 쉽게 접근할 수 있도록 하는 과정을 포함한다.

조직이 데이터를 효과적으로 관리하고 활용하기 위한 중요한 기반이다. 이를 구축하기 위해서는 몇 가지 핵심 요소를 잘 이해하고 운영하는 것이 필요하다. 특히 데이터 관리 체계, 자동화된 정합성 확인, 데이터 설명과 문서화는 통합된 데이터 자산을 성공적으로 운영하는 데 필수적이다.

먼저 데이터 관리 체계는 조직이 데이터를 체계적으로 다룰 수 있도록 하는 일종의 규칙과 절차다. 조직은 다양한 부서와 팀에서 여러 종류의 데이터를 수집하고 사용하는데 부서마다 제각기 데이터를 관리하면 혼란이 발생할 수 있다. 예를 들어 마케팅 부서와 영업 부서가 동일한 고객 정보를 다르게 관리한다면 고객에 대한 잘못된 정보가 사용될 가능성이 높아진다.

관리 체계는 데이터가 수집되고 저장되고 수정되고 삭제되는 모든 과정을 명확한 절차에 따라 관리하도록 도와준다. 한 부서가 데이터를 변경할 때는 그 변경 사항이 즉시 모든 관련 부서에 반영되도록 하는 것이다. 이를 통해 모든 부서가 동일한 데이터를 사용하고 데이터의 일관성을 유지할 수 있다. 또한 누가, 어떤 데이터에 접근할 수 있는지 결정하는 역할도 한다. 이렇게 함으로써 데이터가 안전하게 관리되고 필요한 사람이 적절한 시점에 정확한 데이터를 사용할 수 있다.

자동화된 정합성 확인은 데이터의 신뢰성을 보장하는 중요한 정책이자 전략이다. 데이터가 여러 곳에서 수집되고 다양한 부서에서 사용되다 보면 데이터 간 불일치나 오류가 발생할 수 있다. 이를 수동으로 찾아내고 수정하는 것은 번거롭고 시간이 많이 걸릴 뿐만 아니라, 사람이 처리하는 일이라 실수가 발생할 사능성도 크다. 이를 해결하기 위해 정합성을 확인하는데, 데이터를 자동으로 점검하여 불일치나 오류를 감지하고, 발견된 문제를 즉시 수정하거나 경고를 보내는 역할을 한다.

예를 들어 개발자가 정합성 점검 시스템을 구축했다고 가정해보자. 이 시스템은 두 부서의 고객 정보가 서로 다르다는 것을 감지하고, 이를 일치시키거나 담당자에게 수정 요청을 할 수 있다. 또한, 기준이 되는 정보를 설정해두면 이를 기준으로 데이터를 일괄적으로 변경하는 것도 가능할 것이다. 이렇게 자동화 시스템을 구축하면 데이터의 정확성과 신뢰성을 유지할 수 있다.

통합된 데이터 자산을 구축하는 것이 항상 최선의 해결책은 아닐 수 있다. 각 부서의 고유한 요구 사항과 목표에 따라 별도의 데이터 자산을 구축하는 것이 더 효과적인 경우도 있다. 예를 들어 특정 부서가 매우 특화된 데이터를 필요로 하고, 그 데이터가 다른 부서와 공유될 필요가 없다면, 해당 부서는 독자적인 데이터 자산을 구축하여 더 나은 결과를 도출할 수 있다.

따라서 통합된 데이터 자산을 기본으로 하되, 필요에 따라 각 부서가 별도의 데이터 자산을 운영하면, 데이터 활용의 유연성을 유지하면서도 각 부서가 자신에게 가장 적합한 방식으로 데이터를 관리하고 사용할 수 있다. 예를 들어 마케팅 부서가 고객의 행동 데이터를 세밀하게 분석해야 할 경우, 통합된 데이터 자산에 포함된 데이터 외에도 추가적인 데이터를 수집하고 관리할 수 있는 것이다.

이 접근 방식은 조직이 데이터의 일관성과 신뢰성을 유지하면서도 각 부서가 필요한 데이터를 최대한 활용할 수 있도록 돕는다. 중요한 것은 통합된 데이터 자산과 부서별 데이터 자산 간의 균형을 잘 맞추는 일이다.

통합된 데이터 자산을 구축하는 것은 매우 유용한 전략이지만 각 부서의 고유한 필요에 따라 별도의 데이터 자산을 운영하는 것도 좋은 선택이 될 수 있다. 접근 방식을 조화롭게 결합하면 조직은 데이터의 일관성을 유지하면서도 각 부서가 그들의 업무에 가장 적합한 데이터를 효과적으로 활용할 수 있을 거라 판단한다. 그러나 일률적으로 적용될 수는 없으며 한 번쯤 고민해보는 계기가 되길 바란다.

시도와 실험 Trial & Test(T)

AI 트랜스포메이션 시대에 비즈니스 환경은 그 어느 때보다 빠르게 변화하고 있다. 과거에는 장기적인 계획과 안정적인 운영이 조직의 성공을 보장했다면 이제는 빠르게 변화하는 시장에 적응하고 새로운 기회를 포착하기 위해 끊임없는 시도trial와 실험test이 필요하다. 시도와 실험은 단순히 실패를 피하기 위한 전략이 아니라 비즈니스 혁신을 이끄는 중요한 요소가 되었다. 이는 조직이 경쟁력을 유지하고 성장하기 위해 반드시 채택해야 할 접근 방식이다.

시도와 실험은 비즈니스 환경에서 새로운 AI 기술을 실제로 적용해보고 그 결과를 평가하는 과정을 말한다. 시도는 초기 단계의 아이디어를 현실에서 검증하는 과정을 포함하며 실험은 정교하게 계획된 조건에서 특정 변수의 영향을 테스트하는 과정이다. 이 두 과정은 조직이 AI 기술을 비즈니스 모델에 통합하고 그 결과를 최적화하는 데 필수적이다.

시도는 종종 새로운 기술이나 전략을 빠르게 도입해보고 그 결과를 통해 다음 단계를 결정하는 방식으로 진행된다. 이는 불확실성이 높은 상황에서 빠르게 학습하고 적응하기 위한 방법이다. 실험은 과학적이고 체계적인 접근 방식을 취하며, 특정 가설을 세우고 이를 검증하기 위해 데이터와 분석을 활용한다. 예를 들어 AI 기반의 마케팅 캠페인을 시도하고 그 결과를 분석해 어떤 전략이 가장 효과적인지 실험을 통해 확인할 수 있다.

AI 비즈니스 모델은 고정된 것이 아니라 지속적으로 변화하고 발전해야 한다. 그러려면 기존의 가정이나 방법론을 끊임없이 도전하고 새로운 접근 방식을 탐색할 필요가 있다. 문제를 해결하기 위한 기술적 접근은 발전에 따라 달라질 수 있기 때문에 새로운 기술을 개발하고 검증하는 과정이 필수적이다. 시도와 실험을 통해 조직은 더 나은 의사 결정을 내릴 수 있으며 잘못된 방향으로 나아가는 것을 막아준다.

시도와 실험은 혁신을 가속화하고 시장에서의 경쟁 우위를 확보하는 데 중요한 역할을 한다. AI 기술은 복잡하고 다차원적이기 때문에 이를 효과적으로 활용하기 위해서는 다양한 변수를 고려하고 최적의 전략을 찾기 위한 반복적인 테스트가 필요하다. 시도와 실험은 이러한 과정을 통해 조직이 AI를 활용하여 새로운 기회를 발굴하고 기존의 비즈니스 모델을 혁신할 수 있게 한다.

KPI 개발

AI 기술을 비즈니스에 도입해 혁신을 이루는 과정에서 가장 중요한 질문은 'AI가 제대로 동작하고 있는가?'다. 이 질문에 대한 답을 찾기 위해서는 명확하고 정교한 **핵심 성과 지표**key performance indicator, KPI 개발이 필수적이다. KPI는 AI 시스템의 성능을 측정하고 그 결과를 비즈니스 성과와 연결시켜 평가하는 척도다. 이는 기술적 지표를 넘어 AI가 실제 비즈니스 목표를 얼마나 잘 달성하고 있는지 평가하는 역할을 한다.

AI 모델의 성능을 평가하기 위해서는 모델 관점의 KPI가 필요하다. 이는 AI 시스템이 얼마나 정확하고 효율적으로 작동하는지 측정하는 기술적 지표로 구성된다. 예를 들어 머신러닝 모델의 경우 정확도accuracy, 정밀도precision, 재현율recall, F1 스코어F1 score 등이 있다. 이들 지표는 모델이 데이터에서 얼마나 잘 학습했는지, 새로운 데이터에 대해 얼마나 정확하게 예측할 수 있는지 평가한다.

모델 관점의 KPI는 기술적으로 뛰어난 모델을 평가하는 데 주로 사용된다. 예를 들어 어떤 AI 모델이 99%의 정확도를 가진다고 해도 이 모델이 실제로 비즈니스 목표를 달성하는 데 기여하지 못한다면 그 의미는 퇴색된다. 따라서 AI 모델이 기술적으로 우수하다는 것만으로는 충분하지 않다. 이 우수함이 실제 비즈니스 가치로 전환되는지도 고려해야 하는 것이다.

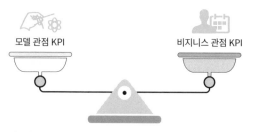

그림 5-4 AI 트랜스포메이션이 성공하기 위해서는 모델과 비즈니스 모두를 균형적으로 고려해야 한다.

비즈니스 관점의 KPI는 AI 모델의 기술적 성과가 실제 비즈니스에 어떻게 기여하고 있는지 평가하는 데 중점을 둔다. 이는 매출 성장, 고객 유지율, 운영 비용 절감 등 구체적인 비즈니스 성과와 연결된다. 예를 들어 AI 기반 추천 시스템이 고객에게 정확한 추천을 제공함으로써 매출이 증가했다면 이 매출 증가율이 비즈니스 관점의 KPI다. 그 외에도 흔히 쓰이는 구매 전환율(추천 시스템을 통해 제품을 추천받은 고객이 실제로 구매를 완료한 비율), 매출 증가율(AI 추천 시스템 도입 후 전반적인 매출의 증가율), 고객 만족도(AI 추천 시스템을 사용한 고객이 얼마나 만족했는지를 평가한 설문 결과)와 같은 것이 있다. 따라서 AI 성과의 비즈니스적 가치를 평가하는 KPI를 개발하는 것이 중요하다.

AI 트랜스포메이션이 성공하려면 모델 관점의 KPI와 비즈니스 관점의 KPI가 잘 연계되어야 한다. 이는 두 가지 관점이 서로 조화를 이루며 AI 모델의 기술적 성능이 실제 비즈니스 성과로 자연스럽게 이어지도록 하는 것을 의미한다.

이를 위해서는 통합적인 평가 프레임워크가 필요하다. 예를 들어 AI 기반의 고객 예측 모델이 높은 정확도를 기록했다면 그 결과가 실제로 매출 증가나 고객 유지율 향상으로 이어졌는지 평가하는 것이다. 이 과정에서 모델 관점의 KPI와 비즈니스 관점의 KPI가 상호 보완적으로 작동하여 AI의 실질적 가치를 평가하게 된다.

모델 관점의 KPI와 비즈니스 관점의 KPI를 연결하는 핵심 요소는 피드백 루프다. 피드백 루프는 AI 모델의 성능과 비즈니스 성과 간의 불일치를 발견하고 이를 조정하는 과정을 통해 두 KPI가 자연스럽게 이어지도록 한다. 예를 들어 AI 모델이 높은 정확도를 보여도 구매 전환율이 낮다면 모델의 예측 방식이나 비즈니스 전략을 재검토하여 조정할 수 있다. 반복적이고 상호 보완적인 이런 과정은 AI가 비즈니스 성과를 지속적으로 개선하도록 돕는다.

표 5-4는 KPI를 활용하는 예시로, 특정 비즈니스 상황과 전략적 관점에서 유용한 시나리오 중 하나일 뿐이다. 이는 절대적으로 고정된 것이 아니므로 다른 지표를 선택해 상황에 맞게 적용할 수도 있다. 여기 제시된 내용은 하나의 개념적 예시에 불과하므로, 이러한 점을 염두에 두고 살펴보자.

표 5-4를 보면, 각 모델이나 비즈니스 관점에서의 구분 하나만 운영하는 경우 모델 관점에서 정확도는 높지만, 구매율이 낮아지는 경우 AI 모델 자체보다는 고객에게 보여지는 UI/UX를 개선해야 할 필요성을 발견할 수 있다. 이처럼 데이터를 통합적으로 연계해 검토하고 운영한다면 기존에 파악하지 못했던 페인 포인트_{pain point}를 발굴할 수 있을 것이다.

특히, 생성형 AI를 활용한다면 지표 설정 방식도 달라져야 한다. 생성형 AI 중에서도 LLM인지, 멀티모달 모델인지에 따라 분석과 운영 방식이 달라지며, 각각의 장점과 한계점은 표 5-5와 같다.

비즈니스 관점의 구분	모델 관점의 구분	비즈니스 관점과 모델 관점의 관계	피드백 루프 및 조정
구매율	정확도 (accuracy)	정확도가 높다는 것은 추천 시스템이 구매할 상품과 구매하지 않을 상품을 잘 예측한다는 의미로, 이를 활용한 추천은 고객이 추천된 제품을 구매할 가능성이 높음을 의미한다.	높은 정확도에도 불구하고 구매율이 낮게 유지된다면, 고객이 추천된 상품을 더 쉽게 확인할 수 있도록 UI/UX 최적화(추천 위치 변경, 다양한 뷰 옵션 제공), 할인 쿠폰 제공, 개인화된 메시지 노출 등 추가적인 마케팅 접근을 고려해야 한다.
평균 구매 금액	정밀도 (precision)	정밀도는 추천한 제품 중 실제로 구매로 이어진 비율을 의미한다. 정밀도가 높은 모델을 사용하면 AI가 추천한 상품이 실제 구매로 잘 이어진다. 따라서 추천 상품을 고가 제품으로 설정하거나, 구매 가능성이 높은(정밀도가 높은) 상품 중에서도 가격대가 높은 제품을 선택적으로 추천할 수 있다.	정밀도가 높아 고가 상품 위주로 추천했음에도 평균 구매 금액이 증가하지 않는다면, 입점 상품 라인업을 재검토하거나 프로모션 전략의 변경을 고려해야 한다.
재구매율	재현율 (recall)	재현율은 실제로 구매했거나 구매할 가능성이 높은 상품을 얼마나 빠짐없이 추천하는지를 나타내는 지표로, 재현율이 높은 추천 시스템은 고객이 자주 구매하는 제품을 정확히 추천할 수 있음을 의미한다.	추천 시스템의 재현율이 높음에도 불구하고 재구매율이 낮은 경우, 재구매를 저해하는 요인(재고 부족, 긴 배송 기간, AS 문제, 가격 정책 등)을 분석하고 개선이 필요하다.
매출 증가율	F1 스코어 (F1 score)	정밀도와 재현율 모두 높을 경우, 고객에게 적절한 제품이 추천되어 매출이 증가할 가능성이 커진다.	F1 스코어가 높음에도 매출 증가율이 낮다면, 정밀도와 재현율이 낮을 때 사용하는 전략을 적절하게 활용하여 매출 증가를 위한 전략을 개편해야 한다.
고객 만족도	모든 모델 관점 지표	모델의 전반적인 성능은 추천 시스템을 경험하는 고객 경험에 직간접적으로 영향을 미치며, 만족도가 높아질수록 고객 충성도도 함께 증가한다.	고객 만족도가 낮으면 모델 성능뿐만 아니라 전체적인 고객 경험(예: 사용자 인터페이스, 추천 타이밍 등)도 재검토해야 하며, 이를 위해 적극적인 FGI(focus group interview) 도입 등 개선 방향에 대한 논의와 적용이 필요하다.

표 5-4 AI 기반 추천 시스템의 기술적 성능과 비즈니스 성과를 연계해서 평가하는 예시

운영 방식	특징	장점	한계
모델 관점 KPI만 운영	AI 모델의 기술적 성능에만 집중하여 정확도 정밀도 재현율 등 지표를 지속적으로 개선	AI 모델의 기술적 성능을 최적화하여 데이터 분석 및 예측 정확도 향상	비즈니스 목표와의 직접적인 연결이 부족하여 모델 성능이 비즈니스 성과로 이어지지 않을 수 있음
비즈니스 관점 KPI만 운영	매출 증가율 고객 만족도 등 비즈니스 성과 지표에만 집중하여 AI 시스템이 비즈니스 목표를 얼마나 달성하고 있는지를 평가	비즈니스 목표 달성에 집중하여 성과를 직접적으로 평가하고 관리할 수 있음	모델의 기술적 한계나 성능 문제를 간과할 수 있으며 AI 시스템이 실제로 올바르게 작동하고 있는지에 대한 검증이 부족할 수 있음
통합 운영	모델 관점의 KPI와 비즈니스 관점의 KPI를 유기적으로 연결하여 운영. AI 기술 성능과 비즈니스 성과를 동시에 평가하며 피드백 루프를 통해 지속적으로 조정 및 개선	AI 모델의 기술적 성능과 비즈니스 성과를 통합적으로 평가하여 두 측면에서 모두 최적의 결과를 도출. AI가 실제 비즈니스 목표 달성에 어떤 역할을 하는지 명확히 파악하고 필요시 전략 조정 가능	복잡성 증가로 의사결정 속도가 느려질 수 있음. 기술적 성능과 비즈니스 성과 간의 이해관계가 충돌 시 조정이 어려움

표 5-5 KPI 운영 방식별 특징, 장점, 한계의 비교

통합 운영은 AI 모델의 기술적 성능과 비즈니스 성과를 동시에 고려함으로써 두 측면에서 최상의 결과를 도출할 수 있는 강력한 접근 방식이다. 그러나 의사결정 속도가 느려지고, 조정하기가 어려우며, 리소스 한계도 존재한다. 이런 문제를 인지하고 조직 내에서 적절한 조정과 협력을 통해 통합 운영의 장점을 극대화하는 것이 중요하다. 통합 운영이 성공적으로 이루어진다면 AI 기술이 실제 비즈니스 가치를 창출하는 데 있어 핵심적인 역할을 할 수 있다.

KPI 개발은 단순한 기술적 작업이 아니며 데이터 과학자와 비즈니스 리더 간의 긴밀한 협력을 요구하는 예술적 과정이라고 할 수 있다. 데이터 과

학자는 AI 모델이 최적의 성능을 발휘할 수 있도록 기술적 지표를 설계하고, 비즈니스 리더는 이러한 성과를 실제 비즈니스 목표와 연결시키는 지표를 정의한다. 그래야 AI 기술이 단순한 도구가 아닌 실제 비즈니스 가치를 창출하는 원동력으로 작동한다.

예를 들어 데이터 과학자는 AI 모델의 예측 정확도를 높이기 위해 정교한 알고리즘을 개발하고 비즈니스 리더는 이 예측이 어떻게 매출 증가로 이어질 수 있는지 분석한다. 두 팀이 긴밀히 협력하면 AI 모델의 기술적 성과와 비즈니스 목표가 자연스럽게 조화를 이룬다. 이로써 AI의 성능을 평가하는 KPI는 AI가 비즈니스 성과를 어떻게 이끌어내는지 보여주는 명확한 지표가 된다.

핵심 성과 지표(key performance indicator, KPI)
조직이나 팀이 목표를 얼마나 잘 달성하고 있는지를 측정하는 중요한 기준이다. 회사의 전략적 목표와 일치하도록 설계되며 성과를 수치화하여 평가하는 데 사용된다. 예를 들어 판매팀의 KPI는 월간 매출액일 수 있고 고객 서비스 팀의 KPI는 고객 만족도 점수일 수 있다. 성과를 객관적으로 평가하고 개선이 필요한 영역을 파악하는 데 도움을 준다.

정확도(accuracy)
예측 또는 분류 모델이 얼마나 정확하게 전체 데이터를 맞추었는지를 나타내는 지표다. 모델이 예측한 결과 중에서 실제로 맞춘 비율을 의미한다. 전체적인 성능을 측정하는 기본적 지표다.

정밀도(precision)
모델이 긍정적으로 예측한 결과 중에서 실제로 맞춘 비율을 나타낸다. 긍정적인 예측이 얼마나 신뢰할 수 있는지 보여주며 잘못된 긍정 예측(예: 스팸이 아닌 메일을 스팸으로 분류하는 경우)을 줄이는 데 중점을 둔다.

재현율(recall)
모델이 전체 실제 긍정 사례 중에서 얼마나 많이 맞혔는지 나타낸다. 긍정적인 사례를 놓치지 않는 능력을 나타내며, 중요한 사례를 놓치는 것을 최소화하는 데 중점을 둔다. 의료 분야에서는 병을 놓치지 않는 것이 중요하므로 재현율이 매우 중요할 수 있다.

F1 스코어(F1 score)

정밀도와 재현율의 조화 평균을 나타내는 지표다. 정밀도와 재현율 사이의 균형을 고려하여 모델의 성능을 평가하는 데 사용된다.

페인 포인트(pain point)

고객이나 사용자가 경험하는 문제점이나 불편함을 의미한다. 예를 들어 온라인 쇼핑몰에서 결제 과정이 복잡하고 시간이 많이 걸리는 경우 이 부분이 고객의 페인 포인트가 된다. 조직은 페인 포인트를 파악하고 해결함으로써 고객 만족도를 높이고 서비스의 품질을 개선할 수 있다. 제품이나 서비스의 개선 기회를 식별하는 데 매우 중요한 요소다.

멀티모달 모델(multimodal model)

여러 가지 종류의 데이터를 동시에 처리할 수 있는 AI 모델이다. 사람이 시각(이미지), 청각(음성), 텍스트(글) 등 여러 가지 감각을 한꺼번에 사용하여 세상을 이해하는 것처럼, 멀티모달 모델도 다양한 형태의 데이터를 조합하여 더 나은 결과를 도출한다. 예를 들어 사람이 영화를 볼 때 화면을 보면서 동시에 소리를 듣고 대사를 이해하면서 스토리를 따라가는 것처럼, 멀티모달 모델은 이미지를 보고 소리를듣고 글을 읽으면서 모든 정보를 종합하여 더 정확한 답을 내릴 수 있다. AI가 사람처럼 다양한 정보를 처리하고 이해하는 능력을 가지게 만들어준다.

모달(modal)

데이터를 처리하거나 이해할 때 사용하는 '방식'이나 '종류'를 의미한다. 이미지, 텍스트, 소리 등은 각각 다른 모달이다. 이미지 모달은 시각 정보를, 텍스트 모달은 언어 정보를, 소리 모달은 청각 정보를 다룬다.

MVP-AI 도입

AI 트랜스포메이션과 같은 대규모 혁신 프로젝트는 리스크가 크고, 실패할 경우 조직에 막대한 손실을 초래할 수 있다. 이러한 위험을 줄이기 위해 **최소 기능 AI 제품**minimum viable product as AI, MVP-AI의 도입이 중요하다.

MVP는 IT 스타트업에서 시작된 개념으로, 최소한의 기능만을 갖춘 제품을 시장에 출시해 초기 피드백을 얻고 개선하는 전략이다. MVP-AI는 이 개념을 바탕으로, AI를 비즈니스에 빠르게 적용하고 검증하는 데 초점을 맞춘 접근법이다. 이를 통해 초기 사용자(내부와 외부)로부터 피드백을 받아 빠르게 개선할 수 있으며, AI 트랜스포메이션의 성공 가능성을 크게 높일 수 있다.

다만, 일반적인 MVP와 AI 트랜스포메이션을 위한 MVP에는 차이가 있다. 이를 명확히 구분하기 위해 MVP-AI라는 용어를 제시했다. 여기에서는 AI 트랜스포메이션 과정에서 MVP-AI를 도입하는 방법과 그 중요성을 살펴본다.

AI 트랜스포메이션의 초기 단계에서 MVP-AI를 도입하면 조직은 리스크를 최소화하면서도 AI 기술의 잠재력을 검증할 수 있다. 이는 새로운 AI 솔루션이 비즈니스에 실질적인 영향을 미치는지, 고객과 내부 사용자에게 가치를 제공하는지를 빠르게 평가할 기회를 제공한다. MVP-AI를 통해 조직은 최소한의 자원을 투입해 AI 기술의 효과를 시험하고, 초기 실패의 가능성을 줄이면서 성공 가능성을 높일 수 있다. 이러한 접근 방식은 AI 트랜스포메이션을 단순한 기술 도입이 아닌 비즈니스 전략의 핵심 요소로 자리잡게 한다. 또한 초기 피드백을 바탕으로 AI 모델을 지속적으로 개선하고 확장할 수 있는 유연성을 제공한다.

그렇다면 MVP-AI 없이 AI 트랜스포메이션을 추진한다면 어떤 문제점이 발생할까? 먼저 높은 리스크와 비용 문제가 발생할 수 있다. AI 트랜스포메이션은 대규모 프로젝트이므로 초기부터 모든 기능과 프로세스를 동시에 도입하려고 하면 리스크가 커진다. 초기 실패는 막대한 비용과 시간 낭비로 이어질 뿐만 아니라, 프로젝트 전체를 무산시킬 위험도 있다.

또한, 조직 내부에서 새로운 AI 시스템에 대한 이해와 수용도가 부족할 경우 변화에 대한 저항성이 높아질 수 있다. MVP-AI 없이 전면 도입을 강행하면 직원들이 새로운 시스템을 효과적으로 활용하지 못하거나, 기존 프로세스만 고수하는 상황이 발생할 수 있다.

마지막으로, 처음부터 완전한 시스템을 구축하려 하면 변화하는 시장 상황이나 기술 발전에 유연하게 대응하기 어렵다. 이는 프로젝트 진행 중 발생하는 새로운 요구 사항이나 문제를 적시에 반영하지 못하게 만든다.

반대로 MVP-AI에 지나치게 집중하다 보면 AI 트랜스포메이션의 도입이 지연될 수 있다. 계속해서 작은 단위의 개선에만 집중하면 큰 틀의 AI 트랜스포메이션을 달성하지 못할 위험이 있는 것이다. 그리고 초기 피드백에 의존하여 잘못된 판단도 범할 수 있다. MVP-AI를 통해 얻은 초기 피드백이 전체 사용자나 시장을 대표하지 않을 수 있기 때문이다. 제한된 피드백에 기반하여 프로젝트 방향을 조정하면 장기적인 성공 가능성을 저해하는 잘못된 결정을 내릴 위험이 있다.

게다가 조직 내 혼란이나 전략적 방향성의 모호성이 발생할 수 있다. MVP-AI를 지나치게 강조하면 조직에서 이를 '미완성 제품'이나 '실험적인 접근'으로만 인식해 혼란을 초래할 수 있다. 이로 인해 직원들이 AI 트랜스포메이션을 진지하게 받아들이지 않고, 결국 MVP-AI에만 집중한 나머지 AI 트랜스포메이션의 전체적인 전략이 흔들릴 위험이 있다.

MVP-AI 도입 여부를 결정할 때 참고할 수 있도록 몇 가지 핵심 고려 사항을 표 5-6에 정리했으니 이를 활용하면 도움이 될 것이다.

스타트업에서의 MVP와 AI 트랜스포메이션에서의 MVP-AI는 그 목적이 다르다. 스타트업의 MVP는 새로운 시장에 빠르게 진입하고, 제품-시장 적합성을 검증하는 데 중점을 둔다. 최소한의 기능만 포함해 시장의 니즈와 맞지 않는 복잡한 기능은 배제하는 것이 핵심이다.

판단 기준	이유	MVP-AI 생략 가능 상황
비즈니스 목표와 전략적 방향성	장기적인 혁신을 위한 유연한 접근 필요 MVP-AI는 점진적인 목표 달성에 적합	목표와 방향성이 명확하고 프로덕트의 지속 수정이 불가한 경우
리스크 관리와 자원 배분	대규모 프로젝트에서 초기 실패를 방지 자원을 낭비하지 않기 위해 필요함	프로젝트 규모가 작고 리스크가 낮으며 자원이 충분함
조직 문화와 변화 관리	조직의 저항을 줄이고 점진적인 변화로 AI 도입의 성공 가능성을 높이기 위해	조직이 변화에 유연하고 새로운 기술 도입에 저항이 없음
시장 및 경쟁 환경	빠르게 변화하는 시장에서 경쟁 우위를 확보 시장 변화에 민첩한 대응을 위함	시장이 안정적이고 경쟁이 심하지 않으며 점진적 도입 가능
성공 사례와 실패 사례 분석	과거의 사례로 성공/실패 사례 분석하여 리스크 감소 성공 가능성 향상을 위함	해당 프로젝트와 유사한 성공 사례가 이미 존재하고 리스크가 낮음
내부 및 외부 전문가의 의견	내부/외부 전문가의 다양한 의견 수렴 다양한 리스크 고려 및 다양한 관점으로 균형 잡힌 결정을 위해 필요	내부 전문가 의견만으로도 충분한 판단이 가능하거나 프로젝트가 소규모

표 5-6 MVP-AI 도입 여부를 결정할 때 참고 사항

반면, MVP-AI는 AI 트랜스포메이션 과정에서 기존 비즈니스 프로세스에 AI 기술을 통합하며 발생할 수 있는 리스크를 줄이고, AI의 실제 적용 가능성을 검증하는 데 초점을 둔다. 이는 조직의 특정 문제를 해결하거나 프로세스를 개선하기 위해 개발되며, 기존 시스템과의 통합 여부와 내부 사용자의 적응까지 고려한다. 특히, MVP-AI는 기술적 실현 가능성과 더불어 조직 전체의 변화 관리 측면도 중요하게 고려한다. 따라서 MVP-AI는 단순한 기술 검증을 넘어 조직의 AI 수용 능력과 변화를 관리하는 데 필요한 복합적인 역할을 한다.

여기서 핵심은 명확한 목표 설정과 데이터 기반 접근, 피드백 루프를 통한 지속적인 개선의 중요성을 강조하는 것이다. 이를 실현하기 위해 다음 네 가지를 염두에 두어야 한다.

1. **명확한 목표 설정**
2. **데이터 기반 접근**
3. **MVP-AI 활용**
4. **실패를 수용하고 발전하는 문화**

MVP-AI는 소규모 파일럿 프로젝트를 통해 초기 결과를 확인하고 긍정적인 결과가 나올 경우 이를 점차적으로 확장하여 리스크를 최소화하고 자원을 효율적으로 활용하는 것이 좋다. 반복적인 피드백 루프를 통해 지속적으로 개선해나가는 것이 중요하다. 실험 결과를 분석하고 이를 바탕으로 전략을 수정하며 다시 새로운 시도와 실험을 통해 더 나은 결과를 도출할 수 있도록 해야 한다.

실패를 통해 얻은 교훈은 다음 시도와 실험에서 더 나은 결과를 가져올 수 있도록 하므로, 조직 내에서 실패를 수용하고 이를 통해 학습하는 문화를 조성하는 것이 필요하다. 시도와 실험 단계는 AI 비즈니스 모델을 혁신하고 시장에서 성공하기 위한 핵심 도구다. 불확실한 환경 속에서 조직은 끊임없이 새로운 아이디어를 시도하고 그 결과를 평가하며 성공적인 전략을 찾아야 한다. 그래야 변화에 민첩하게 대응하고 AI를 활용한 혁신을 통해 경쟁 우위를 확보할 수 있다. 시도와 실험은 전략의 한 단계가 아니라 AI 시대에서 필수적인 전략적 접근 방식이다.

최소 기능 제품(minimum viable product, MVP)

제품 개발 과정에서 최소한의 필수 기능만을 갖춘 초기 버전을 만들어 시장에 빠르게 출시하고 고객의 반응을 확인하는 전략이다. 제품이 시장에서 실제로 필요한지, 고객이 원하는 방향으로 개발되고 있는지 빠르게 검증하기 위해 사용된다. 불필요한 기능 개발에 시간을 낭비하지 않고 고객의 피드백을 반영하여 제품을 개선해나가는 데 중점을 둔다. 예를 들어 새로운 앱을 개발할 때 핵심 기능만을 포함한 기본 버전을 먼저 출시하고 이를 통해 사용자의 반응을 살펴보는 것이 MVP의 한 예다.

제품-시장 적합성(product-market fit)

제품이 시장에서 고객의 요구를 제대로 충족시키는지 여부를 의미한다. 제품-시장 적합성이 있다는 것은 고객이 그 제품을 강력하게 원하고 실제로 사용하면서 가치를 느낀다는 의미다. 특정 문제를 해결하기 위해 만든 소프트웨어가 해당 문제를 가진 고객들에게 큰 인기를 얻고 그들이 계속해서 그 소프트웨어를 사용하는 경우 그 제품은 시장과 잘 맞는다고 할 수 있다.

파일럿 프로젝트(pilot project)

새로운 제품이나 서비스 혹은 기술을 본격적으로 도입하기 전에 소규모로 시험 운영해보는 프로젝트를 의미한다. 전체 도입에 앞서 작은 규모에서 실행해보는 테스트 단계로, 실제 적용 시 발생할 수 있는 문제를 미리 파악하고 해결책을 찾기 위해 진행된다. 이를 통해 조직은 리스크를 최소화하고 대규모 도입 전에 필요한 개선점을 확인할 수 있다.

전문적 지식, Expertise(E)

앞서 전략 수립(S) 단계에서 AI를 비즈니스에 통합하여 혁신적인 성과를 달성하기 위한 장기 비전을 수립했고, 시도와 실험(T) 단계에서 이를 실행하기 위한 민첩한 접근 방식을 다뤘다. 이번에는 전문적인 지식(E) 단계를 다룰 차례다.

AI 트랜스포메이션이 성공하려면 단순히 기술을 이해하는 것을 넘어선 전문적 지식이 반드시 필요하다. AI는 머신러닝, 데이터 사이언스, 클라우드 컴퓨팅 등 다양한 영역의 고도화된 기술적 복잡성을 다루는 분야다. 이를 효과적으로 활용하려면 해당 기술에 대한 깊은 이해와 더불어 AI가 비즈니스에 미칠 변화와 영향을 전략적으로 통찰할 수 있어야 한다. 또한, AI를 실제 비즈니스 환경에 적용하기 위해서는 도메인 지식과 함께 AI 기술이 조직에 가져올 변화를 이해하는 능력이 요구된다.

여기서는 AI 트랜스포메이션에서 전문적인 지식이 왜 중요한지, 필요한 지식의 종류는 무엇인지, 이를 효과적으로 습득하고 비즈니스에 적용하는 방법을 살펴보겠다.

외부 영입

AI 트랜스포메이션을 성공적으로 수행하기 위해서는 기술적 전문성 산업에 대한 깊이 있는 이해, 혁신을 이끌어내는 전략적 사고가 필요하다. 그러나 내부 인력만으로 모든 요구를 충족하기는 어려운 경우가 많다. 특히 AI 기술은 빠르게 발전하고 있으며 이를 따라잡기 위해서는 최신 기술에 대한 전문적 지식과 실전 경험을 갖춘 인재가 필수적이다. 이러한 이유로 많은 조직들이 AI 트랜스포메이션을 추진하는 과정에서 외부 전문가의 영입을 고려한다.

외부 전문가를 영업하면 최신 기술 동향과 성공적인 AI 구현 사례에 대한 지식을 가지고 있어 조직이 AI 트랜스포메이션 전략을 수립하고 실행하는 데 실질적인 도움을 받을 수 있다. 이들은 기술적 역량을 보완해주며 새로운 시각과 접근 방식을 도입하여 기존의 조직문화를 변화시키는 촉매제가 될 수 있다.

또한 다양한 산업 경험을 가지고 있어 AI 트랜스포메이션을 조직의 비즈니스 목표에 맞게 최적화한다. 예를 들어 AI를 활용한 데이터 분석, 머신러닝 모델 개발, 자동화 프로세스 설계 등과 같은 전문 분야에서 외부의 실무 경험을 가진 인재를 영입하면 조직은 신속하고 효과적으로 AI 기술을 비즈니스에 통합할 수 있다.

외부 전문가를 영입할 때에는 몇 가지 유의할 사항이 있다. 먼저 조직문화와의 적응 문제다. 외부에서 영입된 인재가 조직의 기존 문화와 맞지 않거나 기존 팀과의 협업이 원활하지 않을 경우 내부 갈등이 발생할 수 있다. 따라서 외부 인재의 영입 시 조직의 비전과 목표를 이해하고 공유할 수 있는지 철저히 평가해야 한다. 뛰어난 외부 전문가들은 개방적이고 협력적인 문화에서 일하기를 원한다. 조직은 이러한 문화를 구축하고 외부 인재가 조직 내에서 쉽게 통합될 수 있는 환경을 조성하려 꾸준히 노력해야 한다.

한편 역할과 책임의 명확한 정의가 필요하다. 외부 전문가가 조직 내에서 어떤 역할을 수행할지, 그들의 목표와 책임이 무엇인지 명확히 정의해야 불필요한 오해나 업무 중복을 방지하고 트랜스포메이션 과정이 효율적으로 진행되도록 할 수 있다. 이를 위해 외부 인재가 조직에 적응하고 성과를 낼 수 있도록 정기적인 피드백을 통해 그들의 경험과 조직의 기대치 간의 간극을 조정해야 한다.

이러한 유의 사항을 무시한다면 모든 동력을 잃어버리는 사태에 직면할 수 있다. 그러므로 참여하는 프로젝트가 의미 있고 도전적이라는 것을 상기하여 동기부여를 해주어야 한다.

하지만 현실적으로 모든 조직이 사람들을 완전히 만족시키기는 어렵다. 특히 규모, 자원, 조직 구조, 시장에서의 위치 등에 따라 외부 전문가 영입 전략이 달라진다. 이러한 차이는 각 조직이 외부 전문가를 영입하고 활용하는 방식에 큰 영향을 미친다.

자원과 영향력이 풍부한 조직은 외부 전문가 영입 전략에 직접적인 영향을 미친다. 이러한 조직은 높은 연봉, 스톡 옵션, 글로벌 이동 기회 등 경쟁력 있는 보상 패키지를 제공할 수 있다. 이는 최고 수준의 AI 전문가를 영입할 수 있는 강력한 도구가 된다. 또한 대규모 프로젝트를 진행할 수 있는 자원과 인프라를 보유하고 있어 외부 전문가에게 장기적인 경력 개발 기회와 글로벌 프로젝트를 제시할 수 있다. 특히 이런 조직은 글로벌 컨설팅 회사와의 파트너십을 통해 AI 트랜스포메이션에 필요한 전체적인 전략 수립과 실행을 위한 전문가 팀을 영입할 수 있다. 이러한 파트너십은 여러 부서와 기능에 걸쳐 AI를 효과적으로 도입하고 통합하는 데 도움을 준다.

하지만 대부분의 조직은 자원이 풍부하지 않다. 작은 규모의 조직은 자

행동	자원이 풍부한 조직이 할 수 있는 방법	자원이 풍부하지 않은 할 수 있는 방법
전문 컨설팅 회사 활용	글로벌 컨설팅 회사(McKinsey, BCG 등)와 파트너십을 맺어 AI 트랜스포메이션에 필요한 전문가 팀을 프로젝트 기반으로 영입	소규모 전문 컨설팅 회사나 프리랜서 전문가를 단기 프로젝트에 맞춰 유연하게 영입
산업 포럼 및 콘퍼런스	주요 AI 관련 국제 콘퍼런스(예: NeurIPS 등)에서 네트워킹을 통해 업계 최고의 전문가와 접촉 및 영입	지역 기반 또는 산업별 전문 콘퍼런스에서 맞춤형 AI 솔루션을 제공할 수 있는 전문가를 찾고 프로젝트별로 계약을 체결
학계와 연구기관 협력	대학교 및 연구기관과의 연구 협력 프로그램을 통해 AI 분야의 교수진 및 박사급 연구원들을 조직 내로 영입	대학의 산학 협력 프로그램이나 지역 연구소와 협력 학생이나 연구 인력을 단기적으로 활용하고 필요한 경우 장기 계약으로 전환
인센티브 및 보상 패키지	고액의 연봉, 스톡 옵션, 글로벌 이동 기회 등 경쟁력 있는 보상 패키지를 제시하여 최고 수준의 AI 전문가를 영입	프로젝트 성공 시 인센티브, 주식 옵션, 자율 근무 환경 등 중소조직의 장점을 강조하여 유연한 보상 패키지를 제시
전문가 니즈 제시	장기적인 경력 개발 기회, 글로벌 프로젝트 참여, 연구 개발 환경 제공 등 리소스를 활용하여 전문가의 요구를 충족	자율성, 유연한 근무 조건, 빠른 의사결정 환경 등 장점을 부각하여 전문가의 요구를 충족하고 성과에 대한 빠른 피드백과 인정을 제공

표 5-7 조직의 자원 규모별로 외부 전문가 영입 방법 차이 예시

원과 영향력이 제한적이지만, 대신에 유연성, 민첩성, 빠른 의사결정 과정이라는 강점을 가지고 있다. 이는 외부 전문가에게 자율성을 제공하고 창의적인 문제 해결을 촉진하는 환경을 제공한다. 규모가 작기 때문에 성과에 대한 즉각적인 피드백과 인정을 제공할 수 있으며 이는 전문가들의 동기부여를 강화하는 데 효과적이다.

한편 대규모의 자원을 동원하기 어렵기 때문에 소규모 전문 컨설팅 회사나 프리랜서 전문가를 단기 프로젝트에 영입하는 방식을 취할 수 있다. 또한 온라인 교육 플랫폼과의 협업을 통해 내부 인재를 빠르게 AI 전문가로 전환하고 필요한 경우 외부 멘토를 단기적으로 활용할 수 있다. 아래의 표는 자원 규모별 조직이 선택을 취할 수 있는 외부 영입 방법이다.

결론적으로 외부 영입을 통한 전문적 지식의 확보는 AI 트랜스포메이션을 성공적으로 수행하기 위한 중요한 전략적 선택이다. 이를 통해 조직은 최신 기술과 혁신적인 접근 방식을 조직에 통합하고 AI 트랜스포메이션의 목표를 효과적으로 달성할 수 있다. 외부 전문가 영입은 인재를 채용하는 것 이상의 의미를 가지며 조직 내의 협력 구조를 강화하는 데 중점을 두어야 한다. 이를 통해 조직은 AI 트랜스포메이션의 도전 과제를 극복하고 지속 가능한 성장을 이루어나갈 수 있을 것이다.

콘퍼런스(conference)
특정 주제를 중심으로 전문가들이 모여 발표와 토론을 통해 지식을 공유하는 대규모 행사다. 발표자들은 연구 결과나 실무 경험을 바탕으로 발표를 진행하며 참석자들은 이를 통해 새로운 지식을 습득하고 네트워킹을 할 수 있는 기회를 얻는다. 학문적, 산업적, 사회적 이슈에 대한 최신 트렌드와 정보를 접할 수 있는 중요한 장소다.

포럼(forum)

특정 주제에 대해 다양한 의견을 교환하는 공개적인 토론의 장이다. 특정 그룹이나 커뮤니티 내에서 이슈에 대해 심도 있는 논의를 진행하며 다양한 시각을 공유하고 문제 해결을 위한 아이디어를 모색하는 데 목적이 있다. 대화와 의견 교환을 통해 참가자들 간의 상호 이해를 증진하고 공동의 목표를 달성하기 위한 방안을 찾는 과정에서 중요한 역할을 한다.

클라우드 컴퓨팅(cloud computing)

인터넷을 통해 IT 자원(서버 스토리지 데이터베이스 네트워킹 소프트웨어 등)을 제공받아 사용하는 것을 의미한다. 클라우드 컴퓨팅을 이용하면 조직은 자체 서버를 구매하고 관리할 필요 없이 필요한 IT 자원을 클라우드 서비스 제공업체에서 빌려 쓸 수 있다. 이를 통해 조직은 IT 인프라에 대한 초기 투자 비용을 줄이고 필요에 따라 자원을 유연하게 조정할 수 있다.

내부 양성

AI 트랜스포메이션을 성공적으로 수행하기 위해서는 내부 인재의 적극적인 활용과 역량 강화도 필수적이다. 내부 인재는 조직의 문화와 비전을 잘 이해하고 있으며 기존의 비즈니스 모델과 프로세스에 대한 깊이 있는 지식을 가지고 있다. 이러한 내부 인재들을 AI 트랜스포메이션의 중심으로 끌어올림으로써 조직은 변화의 속도를 높이고 장기적인 지속 가능성을 확보할 수 있다.

내부 인재는 조직의 비즈니스 모델과 운영 프로세스에 대한 깊이 있는 이해를 가지고 있다. 그래서 AI 기술을 도입할 때 기술과 비즈니스 간의 접점을 효과적으로 파악하여 AI 솔루션이 실제 비즈니스 문제를 해결하는 데 효과적으로 활용될 수 있도록 한다. 이는 AI 트랜스포메이션의 성과를 극대화하는 데 중요한 역할을 한다.

또한 조직 적응을 위한 시간을 거치지 않아도 된다는 장점이 있다. 내부 인재는 이미 조직의 문화를 이해하고 있으며 변화에 대한 저항이 상대적으로 적다. 이들은 조직 내에서의 역할을 명확히 알고 있으며 새로운 기술을 도입할 때도 빠르게 적응하며 문화적 충돌이나 갈등을 최소화할 수 있다.

게다가 장기적인 관점에서 조직의 지속 가능성을 높이는 데 기여한다. 내부 인재가 AI 기술을 습득하고 적용한다면 조직은 지속적으로 자체적인 AI 역량을 유지하고 발전시킬 수 있다. 또한 외부 인재를 영입하는 것보다 비용 효율적인 방법이 될 수 있다. 내부 인재의 성장은 조직의 기술적 자립과 지속 가능한 혁신을 가능하게 한다.

무엇보다 조직 내 지식의 전파와 학습을 촉진하는 데 중요한 역할을 한다. AI 기술을 습득하고 이를 조직 전반에 공유함으로써 전체적인 기술 수준을 끌어올릴 수 있다. 이는 AI 트랜스포메이션이 완료된 후에도 조직이 지속적으로 학습하고 발전할 수 있는 기반을 마련한다.

이처럼 내부 양성을 통해 AI 역량을 키우는 것은 매우 중요한 과제다. 이를 위해 다음 세 가지를 권장한다. 바로 기초 역량 강화, 실전 경험 축적, 보상 및 경력 개발 프로그램 운영이다.

먼저, 기초 역량 강화를 위해 맞춤형 교육 프로그램 개발하여 사내 교육을 실시한다. 예를 들어 AI 기초 개념, 데이터 분석, 프로그래밍 언어(예: 파이썬)를 포함한 기본 교육을 제공해 모든 직원이 AI에 대한 기초 지식을 갖출 수 있도록 한다. 필요에 따라 온라인 학습 플랫폼을 활용해 교육을 보완할 수도 있다.

교육이 완료되면 이를 체계화해 AI 학습 허브를 구축한다. AI 관련 자료, 튜토리얼, 학습 경로를 집대성한 학습 허브를 통해 직원들이 필요할 때 언제든지 학습 자료에 쉽게 접근할 수 있는 환경을 제공한다. 이는 조직 전체의 학습 문화 정착과 지속적인 역량 개발에 크게 기여할 것이다.

다음으로, 실전 경험을 축적하기 위해 실제 프로젝트 참여 기회를 제공하는 것이 중요하다. 예를 들어 외부 전문가가 주도하는 파일럿 프로젝트에 내부 인재를 참여시켜 실전 경험을 쌓게 한다. 이를 통해 직원들은 이론적 지식을 실제 비즈니스 문제에 적용하는 능력을 강화한다. 또한, 성공 가능성이 높은 소규모 프로젝트를 진행함으로써 초기 성공 경험을 제공하고, 이를 통해 자신감을 고취할 수 있다.

마지막으로, 보상 및 경력 개발 프로그램을 통해 동기를 부여할 수 있다. 이를 위해 사내 협력 구조를 강화하고 성과 기반 보상 시스템을 도입한다. 다양한 부서의 인재들로 구성된 팀을 통해 AI 프로젝트를 추진하면, 협업을 통해 새로운 시각과 기술을 습득하는 기회를 제공할 수 있다. 또한, 정기적인 AI 지식 공유 세션을 개최하여 프로젝트 경험에서 얻은 교훈이나 최신 기술 정보를 공유하도록 한다.

성과를 객관적으로 평가하고 피드백을 제공함으로써, 직원들이 AI 트랜스포메이션 과정에서 이룬 성과를 조직 내에서 인정받고 동기부여를 유지할 수 있도록 한다. 그리고 명확한 보상 체계를 도입하여 AI 관련 학습 이수나 프로젝트 성과에 따라 인센티브, 승진 기회, 추가 학습 지원 등의 혜택을 제공하는 방안도 검토할 수 있다.

. . . .

파이썬(Python)
높은 수준의 범용 프로그래밍 언어로, 간결하고 읽기 쉬운 문법을 제공한다. 다양한 라이브러리와 프레임워크를 지원하며 데이터 분석, 웹 개발, AI 등 다양한 분야에서 널리 사용된다. 초보자에게 적합한 언어로도 자주 추천된다.

. . . .

다만, AI라는 키워드에 매몰되어 명확하지 않은 보상 체계나 유명무실한 체계는 오히려 반발을 가져올 수 있다. 예를 들어 자격증을 따지 않으면 승진을 할 수 없다거나, 의무적으로 교육을 들어야 하는 식의 보상과 처벌이 섞인 체계는 반발만 일으킨다. 유명무실한 체계가 되지 않으려면 비즈니스 부서와의 연합이 중요하다.

외부 영입 vs 내부 양성

AI 트랜스포메이션 과정에서는 고도의 기술적 전문성과 전략적 통찰력이 필수적이며, 이를 충족하기 위해 조직은 두 가지 주요 경로를 선택할 수 있다. 하나는 외부에서 이미 검증된 전문가를 영입하는 것이고, 다른 하나는 내부 인재를 양성하여 필요한 역량을 조직 내에서 구축하는 것이다.

외부 인재 영입은 즉각적으로 고급 기술과 풍부한 경험을 조직에 도입할 수 있는 강력한 방법이다. 외부 전문가들은 최신 트렌드와 다양한 산업 경험을 바탕으로 복잡한 문제를 신속하게 해결하고, AI 트랜스포메이션의 초기 성과를 가시화하는 데 중요한 역할을 한다. 반면, 내부 인재 양성은 조직의 장기적인 경쟁력을 강화하고, 지속 가능한 AI 역량을 구축하는 데 유리하다. 내부 인재는 조직 문화와 비즈니스 모델에 대한 깊은 이해를 바탕으로, AI 기술을 효과적으로 적용하는 높은 적응력을 보인다. 초기에는 시간과 비용이 필요하지만, 장기적으로는 조직 전체의 기술 수준을 향상시키고 비용 효율성을 확보할 수 있다.

그렇다면 외부 영입과 내부 양성 중 어느 선택이 더 나은 것일까? 사실 정해진 답은 없다. 두 경우 모두 장단점이 있기 때문에, 조직의 구체적인 상황과 목표에 따라 최적의 선택이 달라질 수 있다. 예를 들어 빠르게 성과를

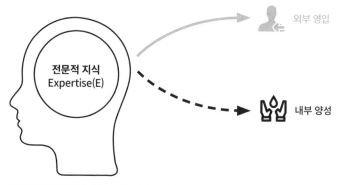

외부 영입

내부 양성

전문적 지식
Expertise(E)

그림 5-5 전문성의 확보를 외부 영입과 내부 양성 중 양자택일하기보다는 상황에 맞게 실행하는 것이 좋다.

내야 하거나, 기술적 격차가 심한 경우에는 외부 영입이 효과적이다. 이미 고급 기술 역량을 보유한 외부 인재는 즉시 프로젝트에 투입될 수 있으며, 다양한 산업 경험을 통해 조직이 당면한 문제를 해결하는 데 큰 기여를 할 수 있다.

반면, AI 트랜스포메이션을 지속적으로 추진하며 장기적으로 조직 내 AI 역량을 강화하고 유지하고자 할 때 내부 인재를 양성하는 것이 적합하다. 내부 인재는 이미 조직 문화를 이해하고 있으며, 비즈니스 모델과 운영 프로세스에 대한 깊은 인사이트를 가지고 있기 때문에 AI 기술을 습득하고 적용하는 데 더 효과적이다. 장기적으로 보면, 내부 인재를 양성하는 데 드는 초기 교육 비용이 발생하더라도 외부 인재를 지속적으로 영입하는 것보다 효율적일 수 있다.

따라서 정해진 답은 없지만, 당장의 기술 격차가 크다면 외부 인재를 영입해 시작하고, 이를 통해 축적된 지식을 내부로 확장해 기술 격차를 줄여나가며, 궁극적으로는 내부 전문가를 양성하는 것이 바람직하다고 생각한다.

이 과정에서 인력 관리 부서의 강압적인 정책이나 납득하기 어려운 보상과 페널티는 오히려 직원들의 신뢰를 얻지 못하고, 변화를 따르기 어려운 상황을 만들 수 있다. 이러한 정책은 내부 인재의 동기부여를 저하시켜 AI 트랜스포메이션의 성공을 저해할 위험이 있다. 따라서 인력 관리 부서와 경영진은 정책을 수립할 때 직원의 의견을 충분히 반영하고, 공정성과 투명성을 유지해야 한다.

AI 트랜스포메이션의 성공을 위해서는 리더가 앞장서서 새로운 기술을 이해하고 이를 조직에 접목하려는 노력이 중요하다. 리더가 변화의 중요성을 깊이 이해하고 적극적으로 참여할 경우, 직원들은 그 리더를 믿고 따르게 된다. 또한, 기술 도입 과정에서 발생할 수 있는 어려움을 직접 경험하고 이를 해결하기 위한 방법을 모색하며, 직원들에게 좋은 본보기가 되어야 한다. 리더의 적극적인 참여는 조직 전체에 긍정적인 메시지를 전달하며, AI 트랜스포메이션이 일시적인 변화가 아니라 조직의 미래를 위한 필수적인 과정임을 인식시키는 데 중요한 역할을 한다.

지속적인 혁신, Persistent(P)

오늘날의 비즈니스 환경은 급격한 변화를 경험하고 있다. 기술의 발전, 고객의 기대 변화, 글로벌 경쟁의 심화 등 다양한 요인들이 조직의 생존을 위협하고 있다. 이러한 상황에서 혁신은 선택이 아닌 필수다. 그러나 일회성의 혁신이나 단기적인 개선만으로는 지속 가능한 성장을 기대하기 어렵다. 진정한 혁신은 조직의 문화와 운영 전반에 깊이 뿌리내리고 지속적으로 이루어져야 한다.

지속적인 혁신의 필요성은 모든 산업에서 공통적으로 강조되고 있다. 이는 변화가 빠르게 이루어지는 기술 분야뿐만 아니라 상대적으로 변화가 느린 전통적인 산업에서도 예외가 아니다. 이 절에서는 지속 가능한 혁신에 대해 살펴보자.

개발

AI 트랜스포메이션이 성공하기 위해서는 모델 개발 과정에서 끊임없는 혁신이 필요하며 이를 뒷받침하는 개발 전략이 중요하다. 그중에서도 라이브러리화, 특허 관리, 기존 시스템과의 호환성은 AI 혁신을 가속화하고 유지하는 핵심 요소다.

모델 개발 코드의 라이브러리화

라이브러리화는 AI 개발에서 도구 모음집을 만드는 과정이다. 컴퓨터 프로그래밍에서 자주 사용되는 코드 조각을 모아놓은 일종의 툴박스를 라이브러리라고 한다. 이를 잘 만들어놓으면 새로운 기능을 만들 때마다 처음부터 코드를 짜지 않아도 된다. 그러므로 라이브러리화는 AI 개발의 효율성과 속도를 높이는 중요한 전략이다. AI 시스템은 일반적으로 복잡하고 다층적인 알고리즘으로 구성되는데, 이러한 알고리즘을 모듈화하고 재사용 가능한 라이브러리로 구축하는 것은 재사용성, 유지보수의 용이성, 표준화 측면에서 혁신의 중요한 기반이 된다. AI 모델을 개발하는 코드를 집대성해서 라이브러리화를 하면 여러 프로젝트에서 재사용할 수 있다. 이를 통해 개발 시간과 비용을 크게 절감할 수 있다. 또한 라이브러리화된 모듈은 개별적으로 관리되기 때문에 특정 부분의 수정이나 업데이트가 필요할 때 전체 시스템을 변경할 필요가 없어서 지속적인 혁신과 업그레이드를 훨씬 수월하게 만든다. 그리고 개발의 표준화를 가능하게 하여 다양한 팀 간의 협업을 용이하게 하고 일관된 품질을 유지할 수 있게 한다. 이를 통해 AI 모델 지식도 원활하게 공유할 수 있다.

툴박스는 꾸준히 업데이트해야 한다. 시대가 변하면서 새로운 재료나 도구가 필요할 수 있기 때문이다. 그래서 이 도구 모음집을 지속적으로 개선해야 AI 기술을 계속해서 최신 상태로 유지할 수 있다. 그리고 자동화된 테스트 및 지속적 통합continuous integration, CI과 지속적 전달continuous deployment, CD 파이프라인과의 긴밀한 연계가 필요하다.

....

라이브러리(library)
프로그래밍에서 특정 기능이나 작업을 쉽게 구현할 수 있도록 미리 작성된 코드 모음을 말한다. 개발자는 이를 호출하거나 가져와 사용함으로써 개발 시간을 단축하고 효율성을 높일 수 있다. 주로 특정 문제를 해결하거나 기능을 구현하는 데 초점을 맞춘 재사용 가능한 코드의 집합체다.

지속적 통합(continuous integration, CI)
개발자들이 코드 변경 사항을 자주 통합하는 소프트웨어 개발 방법론이다. 자동화된 빌드와 테스트가 수행되어 코드의 일관성을 유지하고 잠재적인 오류를 조기에 발견할 수 있도록 돕는다. 소프트웨어 개발의 효율성을 높이고 코드 품질을 개선하는 중요한 도구다.

지속적 배포/전달(continuous delivery/deployment, CD)
CI 과정에서 검증된 코드를 자동으로 프로덕션 환경에 배포하거나 전달하는 방법론을 일컫는다. 지속적 전달은 사람이 최종 배포를 수동으로 승인하는 과정이 포함되며, 지속적 배포는 코드가 자동으로 프로덕션에 배포되는 것을 말한다. 이 방법론은 배포 주기를 단축시키고 소프트웨어의 신속한 업데이트를 가능하게 한다.

파이프라인(pipeline)
소프트웨어 개발 과정에서 일련의 자동화된 작업을 순차적으로 실행하는 과정이다. 일반적으로 코드 작성부터 빌드, 테스트, 배포에 이르기까지의 과정을 포함하며 CI/CD 환경에서 많이 사용된다. 작업이 자동으로 흐르듯 진행되도록 설계되어 개발 효율성과 코드 품질을 높여준다.

....

특허 포트폴리오 구성

라이브러리화를 했다면 놓쳐서 안 되는 것이 지적재산권이다. 오픈소스로 공개한다면 SW 라이선스를 고려하고, 가능하다면 특허를 통해 지적 재산을 보호한다. AI 기술의 특허는 조직의 경쟁력을 보호하는 동시에 전략적 자산으로서 중요한 역할을 한다. 특허 전략을 올바르게 수립하면 혁신적인 기술을 보호하고 동시에 전략적 활용을 할 수 있는 토대를 마련하여 이를 통해 시장에서 우위를 점할 수 있다.

특허를 취득할 때는 특허의 범위 설정, 포트폴리오 관리 기술 공유, 오픈소스 라이선스를 고려한다. AI 기술의 특허는 소프트웨어 알고리즘, 데이터 처리 방식, 모델 학습 방법 등 다양한 영역에서 발생할 수 있다. 특허의 범위를 넓게 설정하면 경쟁사의 유사한 기술 개발을 방지할 수 있지만, 특허 승인 과정에서 해결할 부분이 많다. 따라서 특허의 범위를 신중하게 설정하고, 명확하고 구체적인 기술적 설명이 필요하다.

또한 단일 특허보다 여러 개의 특허를 전략적으로 결합한 포트폴리오를 구축하는 것이 효과적이다. 이는 조직이 특정 기술에 대한 독점적인 권리를 강화하고 다른 조직과의 협상에서 유리한 위치를 점할 수 있게 한다. 구글, 애플, 마이크로소프트, 아마존과 같은 빅테크들은 수많은 AI 관련 특허를 보유하고 있으며 이를 통해 AI 분야에서 선도적인 위치를 유지한다.[*]

AI 분야에서는 오픈소스의 중요성도 간과할 수 없다. 전략적으로 일부 기술을 오픈소스로 공개하면서 핵심 기술은 특허로 보호하는 혼합 전략도 고려할 수 있다. 모든 것을 꽁꽁 숨기기보다는 일부 기술을 공개해 다른 조

---

[*] https://www.khan.co.kr/it/it-general/article/201209032131085

직이나 조직과 공유하는 것도 좋은 방법이다. 이렇게 하면 더 많은 연구자들이 기술을 사용하면서 생태계가 더욱 풍부해진다. 테슬라는 2014년 자사의 모든 전기차 특허를 오픈하겠다고 발표했다. 이 전략은 전기차 생태계의 성장을 가속화하고 테슬라의 이름을 사람들의 뇌리에 새기는 데 큰 역할을 했다.* 한편 외부 기술을 참조하거나 함께 활용했다면 오픈소스 라이선스가 상업적으로 사용할 수 없는지, 특허를 침해하진 않았는지 꼭 검증해봐야 한다.

특허를 등록하고 관리하는 과정은 복잡하고 법적인 절차가 까다롭기 때문에 변리사의 도움이 필요하다. 특허를 출원하려면 기술을 법적인 언어로 명확하게 표현해야 하는 어려움이 있다. 변리사는 이러한 기술적 세부사항을 이해하고 법적 요구 사항에 맞게 작성하여 특허청에 제출할 수 있도록 도와준다. 특허 청구 범위를 설정하는 데도 변리사의 전문성이 필요하다. 너무 좁게 설정하면 경쟁사가 조금만 변형해도 특허 침해를 피할 수 있고, 반대로 너무 넓게 설정하면 특허가 무효화될 위험이 있다. 특허를 둘러싼 법적 분쟁이 발생한다면 변리사는 특허 소송에서 중요한 역할을 한다. 그들은 특허의 유효성을 지키기 위해 법적인 논리를 구축하고 조직의 이익을 보호할 수 있도록 도와준다.

특허는 단지 보호 장치에 그치지 않고 때로는 비즈니스 협상에서도 중요한 자산으로 활용된다. 스타트업이 혁신적인 AI 기술을 특허로 가지고 있으면 대규모 조직과의 협상에서도 강력한 위치를 차지할 수 있다. 그러므로 조직이 시장에서 성공적으로 자리 잡을 수 있는 중요한 무기가 된다.

---

* https://www.carguy.kr/news/articleView.html?idxno=8106

오픈소스(open source)

소프트웨어의 소스 코드가 공개되어 누구나 자유롭게 접근하고 수정하며 배포할 수 있는 소프트웨어를 의미한다. 개발자들은 협력하여 소프트웨어를 개선하고 발전시키며, 사용자들은 이를 무료로 사용하거나 자신만의 목적에 맞게 수정할 수 있다. 오픈소스 소프트웨어는 투명성과 협업을 중시하며, 다양한 커뮤니티의 지원을 받는다.

모델 학습(model training)

AI가 데이터를 이용해 스스로 학습하여 점점 더 정확해지는 과정을 일컫는다. 예를 들어 AI가 수많은 사진을 분석하며 고양이와 개를 구별하는 방법을 익히는 것이 모델 학습에 해당한다. 이 과정에서 AI는 반복적인 학습을 통해 데이터를 더 잘 인식하고 처리하는 능력을 키운다. 이는 사람이 문제를 반복해서 풀며 실력을 향상시키는 과정과 유사하다.

특허 포트폴리오(patent portfolio)

특정 조직이나 개인이 보유한 특허의 집합을 의미한다. 이는 특정 기술 분야에서 경쟁 우위를 확보하고, 타 조직과의 협상에서 유리한 위치를 차지하기 위한 전략적 자산이다. 다양한 기술에 대한 특허를 확보함으로써 조직은 시장에서 혁신을 보호하고, 지식재산권을 통해 수익을 창출할 수 있다. 특히, AI 트랜스포메이션과 같은 첨단 기술 분야에서는 특허 포트폴리오의 중요성이 더욱 강조된다.

기존 시스템과의 호환성

AI 트랜스포메이션 과정에서 새로운 기술을 도입할 때 기존 시스템과의 호환성은 성공적인 혁신의 중요한 기준이 된다. 새로운 AI 기술을 도입하는 것은 흥미롭지만 기존 시스템과 잘 맞아떨어지지 않으면 오히려 문제가 될 수 있다. 기존 인프라와의 통합 없이 새로운 AI 시스템을 구축하는 것은 상당한 리스크를 동반하며 효율성 저하나 운영 중단 등의 문제를 초래하기 때문이다.

AI 기술과 기존 데이터와의 통합을 위해서는 AI가 탑재된 시스템이 기존 데이터베이스나 데이터 웨어하우스와 원활하게 통합될 수 있어야 한다. 데이터 포맷의 호환성, 데이터 마이그레이션 전략, 데이터의 정확성과 일관성을 유지하기 위한 검증 절차가 필요하다. 예를 들어 의료 분야에서 새로운 AI 시스템이 도입될 때 병원에 이미 존재하는 방대한 환자 기록 데이터와 잘 통합되어야 한다. 이 데이터가 정확하고 일관되게 AI 모델에 전달되지 않으면 진단이나 치료 추천에서 오작동이 발생할 수 있다. 기존 데이터와 AI 시스템이 원활하게 통합되지 않으면 AI는 그 데이터를 제대로 활용하지 못해 결과의 신뢰성이 떨어지는데, 은행의 AI 시스템이 기존 고객 데이터를 잘못 해석하면 잘못된 신용 평가나 대출 결정이 내려질 수 있다. 이는 심각한 비즈니스 문제를 일으킬 수 있으며 고객 신뢰를 잃는 결과로 이어진다.

AI가 탑재된 시스템과 기존 애플리케이션이 잘 소통하려면 안정적이고 표준화된 API application programming interface(응용 프로그램 인터페이스)가 필요하다. API는 AI 시스템이 외부와 통신하는 주요 수단이기 때문에 이를 잘 설계하는 것이 시스템 전체의 성능과 안정성에 큰 영향을 미친다. 전자 상거래 플랫폼에서는 AI 기반 추천 시스템이 기존의 쇼핑 카트나 결제 시스템과 원활히 연동되어야 한다. API가 제대로 설계되지 않으면 추천된 상품이 실제 구매 가능 여부와 맞지 않거나 결제 단계에서 오류가 발생할 수 있다. 실시간 데이터가 필요한 AI 모델이 실시간 데이터에 접근하지 못하면 고객에게 제공되는 정보가 오래된 것이 될 수 있다. 이처럼 API가 잘못 설계되거나 관리되지 않으면 시스템 간의 데이터 흐름이 차단되거나 왜곡된다. 이는 고객 경험을 악화시키고 시스템 전체의 신뢰성을 떨어뜨린다.

마지막으로, 새로운 AI 기술이 기존 시스템에 도입되었을 때 유연하게 통합되는 아키텍처를 설계하는 것이 중요하다. 그래야 향후에 시스템 확장이나 새로운 기술 도입 시 큰 구조적 변경 없이 적응할 수 있다. 예를 들어 자동차 제조업체가 AI 기반의 자율 주행 기술을 기존의 차량 관리 시스템에 통합하려고 할 때 이 시스템이 새로운 기술을 쉽게 받아들일 수 있도록 유연하게 설계되어야 한다. 그렇지 않으면 자율 주행 기술을 도입하는 데 막대한 추가 비용이 발생하거나 시스템 전체를 재구축해야 하는 상황이 발생할 수 있다. 그러나 유연한 아키텍처는 새로운 기술 도입 시 큰 구조적 변경 없이 적응할 수 있게 해준다.

호환성을 보장하고 이러한 문제를 예방하기 위해서는 AI 기술 이상의 지식을 가진 개발자가 필요하다. 이들은 기존 시스템의 구조와 동작 방식을 이해하고 AI 기술을 기존 시스템에 맞춰 조정할 수 있다. 새로운 AI 모델을 도입할 때 데이터베이스와의 연결을 원활하게 하고 API를 통해 다른 애플리케이션과의 통신을 설정한다. AI 시스템이 예상대로 작동하지 않는 경우 이들은 데이터 흐름, API 시스템, 아키텍처 등을 분석하여 문제를 해결하기도 한다.

이들은 AI 모델을 최적화하고 시스템의 성능을 향상시키기 위한 방법을 알고 있다. 또한 새로운 기술이 도입될 때 시스템 전체의 효율성을 저하시키지 않도록 설계할 수 있다. 예를 들어 AI 모델의 학습과 추론 과정에서 발생하는 자원 소모를 최소화하여 시스템의 전반적인 성능을 유지한다.

호환성 문제는 AI 시스템의 초기 도입에서부터 고려해야 하는 핵심 요소로 지속적인 혁신을 위한 필수 조건이다. 혁신적 기술이 기존 시스템과 제대로 호환되지 않으면 그 효과는 제한적일 수밖에 없다.

데이터 웨어하우스(data warehouse)
대규모 데이터 분석을 위해 설계된 시스템으로 여러 출처에서 데이터를 수집하여 분석 가능한 형태로 통합하고
저장한다. 데이터베이스와는 달리 주로 과거 데이터를 분석하여 비즈니스 인사이트를 도출하는 데 사용된다.

데이터 마이그레이션(data migration)
데이터를 한 시스템이나 저장소에서 다른 시스템이나 저장소로 이동하는 과정을 말한다. 데이터베이스 업그레이
드, 시스템 통합, 클라우드로의 전환 등 다양한 이유로 데이터 마이그레이션이 필요할 수 있다. 데이터의 무결성
을 유지하면서 수행해야 하며 계획과 실행이 모두 중요하다.

API(application programming pinterface)
애플리케이션 간의 상호작용을 가능하게 하는 인터페이스다. API를 통해 서로 다른 소프트웨어 컴포넌트나 시스
템이 데이터를 주고받거나 기능을 호출할 수 있다. RESTful(representational state transfer) API가 널리 사용되
며 웹, 애플리케이션, 모바일 앱, 서버 간 통신 등 다양한 영역에서 사용된다.

자동화와 AI옵스

AI 프로젝트의 성공적인 구현과 운영을 위해서는 알고리즘의 개발뿐 아니
라 전 과정에 걸쳐 일관된 관리와 유지보수가 필수적이다. AI 모델이 실제
운영 환경에서 안정적으로 작동하도록 보장하는 것은 조직의 전략적 목표
달성에 직결되는 중요한 과제다.

AI 프로젝트가 발전함에 따라 개발자는 점점 더 많은 데이터와 복잡한
모델을 다뤄야 하므로, 이를 효율적으로 관리하고 운영하기 위해서는 새로
운 접근 방식이 필요하다. 여기서 자동화와 AI옵스AIOps의 역할이 부각된다.
자동화는 반복적이고 시간이 많이 소요되는 작업을 최적화하여 개발자들
이 핵심 업무에 집중할 수 있게 도와주며, AI옵스는 이러한 AI 시스템이 지
속 가능하게 운영될 수 있도록 지원하는 중요한 도구다.

AI 모델이 성공적으로 배포된 후에도 그 성능을 유지하고 최적화하기
위해서는 지속적인 관리가 필요하다. 운영 환경에서 발생하는 다양한 변수

와 변화에 AI 모델이 신속하게 대응할 수 있어야 하기 때문이다. 데이터가 변화하거나 새로운 비즈니스 요구가 생길 때마다 모델을 재훈련하고 성능을 모니터링하며 필요할 경우 자동으로 조정하는 과정을 수작업으로 처리하는 것은 매우 비효율적일 뿐만 아니라 실수가 생길 가능성도 높다.

AI 모델 개발 과정에서 큰 도전 중 하나는 반복적이고 시간이 많이 소요되는 작업이다. 이러한 작업은 자동화를 통해 최적화할 수 있다. AI 모델의 학습 과정에서는 데이터 전처리, 모델 훈련, 성능 평가와 같은 작업이 반복적으로 이루어지는데, 수동으로 이러한 작업을 처리하는 것은 비효율적일 뿐만 아니라 오류의 가능성을 높인다. 자동화의 도입은 이러한 반복 작업을 효율적으로 처리하는 데 필수적이다. 또한 개발 과정의 일관성을 유지하며 동일한 작업이 항상 동일한 방식으로 수행되도록 보장하여 오류를 최소화한다.

AI옵스는 AI 모델의 배포, 모니터링, 유지 관리, 지속적인 개선을 자동화하는 일련의 프로세스를 포함한다. AI 모델이 실제 서비스에 배포된 이후 그 성능은 시간이 지남에 따라 저하되는데, 이는 데이터 드리프트data drift나 모델의 노후화로 인해 발생할 수 있는 문제다. AI옵스는 이러한 문제를 조기에 발견하고 대응할 수 있도록 모델의 성능을 지속적으로 모니터링하고 필요할 경우 자동으로 모델을 재훈련하거나 업데이트할 수 있는 환경을 제공한다. 또한 AI옵스는 CI/CD 파이프라인을 통해 AI 모델의 지속적인 배포와 업데이트를 지원한다. 이를 통해 모델의 개선 사항이 빠르고 안정적으로 운영 환경에 반영될 수 있으며 운영 중 발생하는 문제를 신속하게 해결할 수 있다.

자동화와 AI옵스가 함께 작동하면 개발 과정에서 반복적인 작업이 자동화됨으로써 개발 속도가 크게 향상된다. 이는 프로젝트 전체 일정 단축으로 이어지며 더 빠른 프로토타입 제작과 실험이 가능해진다. 그리고 제품이나 서비스의 품질 유지에 필수적이다. 자동화된 프로세스와 AI옵스는 새로운 데이터나 요구 사항이 발생했을 때 신속하게 대응할 수 있도록 지원한다.

AI 모델 개발 현장에서 이러한 자동화와 AI옵스를 효과적으로 적용하는 방법에는 여러 가지가 있다. 예를 들어 컨테이너 오케스트레이션 도구(예: 쿠버네티스Kubernetes)를 사용하여 AI 모델의 배포를 자동화하고 툴(예: MLflow)을 통해 모델의 실험을 체계적으로 관리할 수 있다. 또한 CI/CD 파이프라인을 설정(예: 젠킨스Jenkins, 깃랩GitLab)함으로써 모델 개발부터 배포까지의 전 과정을 자동화할 수 있다. 이러한 도구들과 AI옵스를 결합하여 사용하는 것은 모델 개발자와 데이터 과학자가 효율적으로 협업하고 AI 프로젝트가 지속적으로 진화할 수 있는 환경을 구축하는 데 큰 도움이 된다.

결론적으로 AI옵스와 자동화는 AI 트랜스포메이션의 성공적인 구현과 운영을 위한 핵심 요소다. AI옵스와 자동화는 도구 이상의 가치가 있으며 개발자의 생산성을 극대화하고 AI 모델의 품질을 유지하는 데 필수적이다.

....

AI옵스(Artificial Intelligence for IT Operations, AIOps)
AI를 사용해 IT 시스템을 자동으로 관리하고 최적화하는 기술이다. 예를 들어 서버가 갑자기 느려지거나 문제가 생기면 AI가 이를 자동으로 감지하고 해결책을 제시하거나 직접 고쳐준다. 시스템을 안정적으로 유지하고 문제를 미리 예방하는 데 도움을 주는 기술이다.

데이터 전처리(data preprocessing)

데이터를 정리하고 가공하는 과정이다. 데이터가 정리되지 않으면 AI 모델이 정확하게 학습할 수 없다. 예를 들어 설문 조사에서 빈칸이 있거나 잘못된 답변이 있는 데이터를 AI가 이해할 수 있도록 수정하는 작업이 필요하다.

모델 훈련(model training)

AI가 주어진 데이터를 사용해 문제를 해결하는 방법을 배우는 과정을 말한다. 데이터를 통해 패턴을 찾고 그 패턴을 바탕으로 새로운 문제를 해결하는 능력을 키운다.

성능 평가(performance evaluation)

AI가 문제를 얼마나 효과적으로 해결하는지를 확인하는 과정이다. 마치 시험 점수를 매기듯이, AI가 예측하거나 분류한 결과를 다양한 기준으로 평가한다. 이를 통해 AI가 기대 수준에 도달했는지 확인하고, 필요하면 개선 방향을 모색한다.

데이터 드리프트(data drift)

시간이 지나면서 데이터가 변해 AI가 예전만큼 정확하게 일을 처리하지 못하는 현상을 말한다. 예를 들어 AI가 5년 전의 데이터를 기반으로 예측하면 최근의 트렌드나 변화된 상황을 반영하지 못해 성능이 떨어질 수 있다. 이런 경우 AI를 다시 훈련시켜야 한다.

모델의 노후화(model degradation)

AI 모델이 시간이 지나면서 성능이 점점 떨어지는 현상이다. 환경이 변하거나 데이터가 바뀌면서 AI가 처음에 예상했던 것보다 잘못된 결과를 낼 수 있다. 그래서 주기적으로 AI 모델을 새로 업데이트하거나 훈련시켜야 한다.

프로토타입(prototype)

완성된 제품은 아니지만, 기본적인 기능을 시험해볼 수 있는 초기 버전을 의미한다. AI 개발에서는 프로토타입을 통해 초기 성능을 검증하고, 개선이 필요한 부분을 찾아내는 데 사용된다.

쿠버네티스(Kubernetes)

애플리케이션이 서버에서 잘 작동하도록 관리해주는 시스템이다. 여러 서버에 걸쳐 애플리케이션을 효율적으로 배포하고 운영할 수 있게 도와준다. 예를 들어 AI 모델이 많은 사람들에게 사용될 때 이 시스템이 AI 모델을 안정적으로 운영할 수 있게 해준다.

컨테이너(container)

애플리케이션과 그 실행 환경을 하나로 묶어서 어디에서나 동일하게 실행될 수 있도록 만든 패키지다. 개발자가 만든 프로그램이 다른 컴퓨터에서도 동일하게 작동하도록 보장하며, 일관된 실행 환경을 제공한다.

컨테이너 오케스트레이션(container orchestration)

여러 컨테이너를 자동으로 관리하고 조정하는 과정이다. 예를 들어 애플리케이션이 큰 서버에서 작은 서버로 이동하더라도 컨테이너 오케스트레이션 도구가 이를 자동으로 관리해 애플리케이션이 끊김 없이 작동하도록 도와준다.

MLflow

AI 프로젝트를 체계적으로 관리하는 도구다. AI 모델이 어떻게 만들어졌는지, 어떤 데이터를 사용했는지, 그 결과가 어떻게 나왔는지 기록하고 추적할 수 있다. 이를 통해 AI 개발 과정을 더 효율적이고 체계적으로 관리할 수 있다.

젠킨스(Jenkins)

소프트웨어나 AI 모델을 개발하고 배포하는 과정을 자동화해주는 도구다. 예를 들어 소프트웨어가 새롭게 업데이트될 때마다 자동으로 이를 테스트하고 문제가 없으면 새로운 버전을 배포하는 작업을 수행한다.

깃랩(GitLab)

소프트웨어 코드와 AI 모델의 버전을 관리하고 여러 개발자가 함께 협업할 수 있도록 돕는 플랫폼이다. 또한 개발된 소프트웨어나 모델을 자동으로 배포할 수 있는 기능도 제공하여 프로젝트를 더 쉽게 관리하고 운영할 수 있게 해준다.

지식의 확장

AI 프로젝트는 각기 다른 문제를 해결하며 다양한 데이터를 처리하는데, 이 과정에서 축적되는 지식은 조직의 중요한 자산이다. AI 기술의 성공적인 도입과 활용을 위해서는 데이터 관리와 AI 프로젝트 이력의 체계적 관리가 필수적이다. 이러한 요소들이 비즈니스 전략의 근본적인 기초가 되어야 한다는 점을 인식하고 이를 통해 조직의 경쟁력을 강화해야 한다.

조직 지식의 통합, 질의 플랫폼

조직 내 데이터와 프로젝트 이력을 효과적으로 활용하기 위해서는 모든 데이터를 통합적으로 조회하고 분석할 수 있는 중앙 허브가 필요하다. 이는 웹사이트 형태의 통합 데이터 플랫폼으로 구현될 수 있으며, 조직 내 모든 데이터가 한 곳에 모여 접근성이 크게 향상된다. 결과적으로 각 부서나 팀이 필요한 데이터를 손쉽게 찾고 활용할 수 있는 환경이 마련된다.

예를 들어 특정 팀이 과거에 진행된 프로젝트의 데이터를 필요로 할 때 이 통합 플랫폼을 통해 간단하게 데이터를 검색하고 조회할 수 있다. 이러한 과정에서 중복된 데이터 검색과 처리가 줄어들어 시간과 자원을 절약할 수 있다. 또한 이 플랫폼은 데이터를 체계적으로 문서화하고 설명하는 기능을 제공한다. 데이터를 문서화하면 조직 내에서 지식이 원활하게 공유되며 팀 간 협업도 더욱 쉽게 이루어진다. 이러한 협업 강화는 AI 프로젝트의 성공 가능성을 높이는 데 결정적인 역할을 한다.

AI 트랜스포메이션 관점에서 보면 통합 데이터 플랫폼은 특히 중요하다. AI 트랜스포메이션은 조직의 모든 부분에서 AI가 일상적으로 활용되도록 만드는 과정을 의미한다. 이를 위해서는 데이터가 각 부서와 팀에서 자유롭게 공유되고 활용되어야 하며 이 과정에서 통합 데이터 플랫폼이 필수적이다. AI를 처음 접하는 사람들도 이 플랫폼을 통해 데이터를 쉽게 찾고 활용할 수 있으므로 조직 전체가 AI를 기반으로 하는 혁신을 이루기 위한 기초를 다질 수 있다.

하지만 통합된 질의 플랫폼이 구축되지 않는다면 데이터에 대한 설명과 프로젝트 이력이 각 부서나 팀별로 사일로$_{silo}$화(폐쇄화, 정보 교류가 어려움)되고, 다른 부서나 팀이 동일한 작업을 반복하게 만들거나 잘못된 데이터에 의존할 수 있다. 그러면 데이터를 어느 부서에서 관리하고 있는지, 또는 데이터에 대해 누구에게 물어봐야 하는지조차 알 수 없는 상황이 되어 데이터 접근이 극도로 제한된다. 이런 상황에서는 데이터에 대한 정보가 특정인에게만 집중되거나 데이터 접근성이 떨어져서 새로운 혁신을 추진하기 어려워진다. 이는 AI 트랜스포메이션 전략의 실패로 이어질 수 있으며 조직 전체의 경쟁력을 저하시킬 수 있다.

반대로 프로젝트를 통해 얻은 지식을 잘 재활용하고 축적하면 지속 가능한 경쟁력의 원천이 된다. 이전에 성공적으로 완료된 프로젝트의 이력을 바탕으로 미래의 유사한 프로젝트에서 재사용할 수 있다면 프로젝트 개발 시간이 많이 단축된다. 또한 기존 사례를 기반으로 새로운 프로젝트의 성공 가능성을 높일 수 있으며 이를 통해 조직은 신속하고 효과적인 결과를 얻는다. 나아가 프로젝트 이력은 전략적 의사결정을 지원하는 중요한 데이터베이스로 활용될 수 있다. 이렇게 축적된 지식은 과거의 성공과 실패를 분석해 더 나은 전략을 수립하는 데 필수적인 자원으로 작용한다. 조직이 이러한 과정을 통해 데이터 기반 의사결정을 내리면 더욱 정확하고 효과적인 전략을 실행할 것이다.

따라서 조직이 AI 트랜스포메이션을 성공적으로 이루기 위해서는 통합 데이터 플랫폼의 구축과 프로젝트 이력의 체계적 관리가 필수적이다. 특히 IT 지식이 부족한 사람들도 쉽게 데이터를 찾고 이해하며 이를 활용할 수 있는 환경을 마련하는 것이 중요하다. 이러한 환경이 조성되면 조직 내 모든 임직원이 데이터에 기반한 의사결정을 내릴 수 있어서 궁극적으로 조직의 장기적인 경쟁력 강화에 기여할 것이다. 이는 조직 전체가 AI를 기반으로 한 혁신을 일상적으로 추구하는 데 중요한 발판이 된다.

....

사일로(Silo)
조직 내에서 부서나 팀이 서로 단절되어 정보를 공유하지 않는 상태를 의미한다. 원래 곡식 등을 저장하는 독립된 구조물을 의미하지만, 비즈니스나 기술 컨텍스트에서는 부서 간에 정보나 자원이 원활하게 교류되지 않고 각 부서가 독립적으로 운영되는 상황을 비유적으로 표현한다. 협업을 저해하고 조직 전체의 효율성을 떨어뜨리는 원인이 될 수 있다.

....

데이터 문서화

조직 내에서 수집되는 데이터는 매우 방대하며 때로는 그 내용이 복잡하거나 다층적일 수 있다. 그러므로 데이터를 제대로 이해하고 활용하기 위해서는 명확한 설명과 체계적인 문서화가 필수적이다.

데이터 설명과 문서화는 데이터를 사용하는 사람들, 특히 IT나 데이터 전문가가 아닌 사람도 쉽게 데이터를 이해하고 활용할 수 있도록 도와준다. 데이터를 효과적으로 활용하려면 먼저 그 데이터가 무엇을 의미하는지, 어떻게 사용해야 하는지 명확하게 이해해야 한다. 데이터 설명은 조직 내 모든 이해관계자가 데이터를 올바르게 해석하고 사용할 수 있도록 돕는 역할을 한다. 데이터가 잘못 해석되거나 오용되는 상황을 방지할 수 있으며 데이터 기반의 의사결정 과정에서 오류를 줄일 수 있다.

예를 들어 '고객의 생애 가치'라는 데이터는 고객이 조직에 얼마나 큰 가치를 제공하는지를 나타내는 중요한 정보다. 그러나 이 숫자가 정확히 무엇을 의미하는지, 어떤 기준으로 계산되었는지, 이 데이터를 어떻게 활용할 수 있는지 이해하지 못한다면 효과적으로 사용할 수 없다. 따라서 데이터 설명은 이와 같은 데이터를 명확하게 정의하고 사용 방법을 상세히 설명하는 작업이다. 이렇게 데이터를 설명하면 데이터를 처음 접하는 사람도 그 의미를 쉽게 이해하고 적절히 활용할 수 있다.

문서화는 데이터 설명을 체계적으로 정리해두는 작업을 의미한다. 모든 데이터에 대한 설명을 문서로 만들어두면 누구라도 필요할 때 이 문서를 참고하여 데이터를 올바르게 사용할 수 있다. 또한 새로운 직원이나 부서가 조직의 데이터에 빠르게 익숙해질 수 있도록 도와준다. 이는 조직 내에서 일관된 데이터 사용을 촉진하고 중복된 작업을 줄이며 시간과 자원을 절약하게 한다. 또한 데이터에 대한 설명과 이력을 체계적으로 문서화하면 조직 내에서 데이터의 구조와 활용 방안을 일관되게 기록할 수 있다. 이는 새로운 프로젝트를 시작하거나 데이터 분석 작업을 할 때 중요한 참고 자료로 사용된다.

데이터 문서화의 중요한 목적 중 하나는 사람들이 데이터를 쉽게 찾고 이해하고 활용할 수 있도록 하는 것이다. 문서화된 데이터가 유용하게 사용되려면 사용자 친화적인 인터페이스를 구축해야 한다. 그러려면 문서화된 데이터는 쉽게 접근할 수 있는 형태로 제공되어야 한다. 예를 들어 검색 기능이 포함된 직관적인 웹 포털이나 대시보드를 통해 데이터 설명을 제공할 수 있다. 이러한 플랫폼은 전문가가 아닌 사람도 쉽게 사용할 수 있어야 한다. 데이터가 필요한 사람이 클릭 몇 번으로 원하는 정보를 얻도록 하는 것이 중요하다.

또한 데이터 설명은 누구나 이해할 수 있도록 명확하고 간결해야 한다. 복잡한 기술 용어는 피하고 필요하다면 용어의 의미를 쉽게 풀어 설명하는 추가 설명을 제공한다. 예를 들어 '고객의 생애 가치'가 무엇을 의미하는지 간단히 설명하고 그 계산 방법도 쉽게 이해할 수 있도록 표현하는 것이다.

그리고 조직 내 직원이 데이터 문서화의 중요성과 이를 활용하는 방법에 대해 충분히 이해할 수 있도록 교육과 훈련을 제공해야 한다. 정기적인 워크숍이나 세미나를 통해 데이터 사용 방법을 설명하고 문서화된 데이터가 어떻게 활용될 수 있는지 사례를 통해 보여주는 것이 도움이 될 수 있다.

데이터 문서화는 한 번 작성하고 끝내는 작업이 아니다. 데이터는 시간이 지남에 따라 변화하고 새로운 데이터가 추가되기도 한다. 따라서 문서화된 데이터 설명도 주기적으로 업데이트되어야 하며 새로운 정보가 추가되면 이를 신속하게 공유해야 한다. 가능하다면 사용자가 데이터를 활용하는 과정에서 겪는 어려움이나 개선할 점을 적극적으로 수집할 수 있는 피드백 시스템을 구축(통합 질의 시스템과 연계하면 더욱 좋다)해야 한다. 이를 통해 데이터 문서화와 사용 방식을 지속적으로 개선할 수 있다.

데이터 설명에는 메타데이터와 데이터 관계도에 대한 내용이 포함될 수 있다. 메타데이터는 데이터의 맥락, 구조, 사용 방법을 설명하는 중요한 정보다. 데이터가 언제, 어떤 방법으로 수집되었는지 알 수 있다면 데이터의 신뢰성을 판단할 수 있다. 이는 데이터 활용의 정확성과 효율성을 높이는 데 중요한 역할을 한다. 메타데이터는 조직 내에서 데이터의 일관성과 품질을 유지하는 데 필수적이어서, 잘 관리된 메타데이터는 비즈니스 전략을 수립할 때 데이터 기반 의사결정의 신뢰도를 강화하는 데 큰 도움이 된다.

데이터를 문서화할 때 데이터가 생성되고 변환된 과정을 기록하여 데이터의 신뢰성과 유효성을 보장하면 더욱 좋다. 예를 들어 데이터가 여러 단계를 거쳐 가공되었을 때 그 과정을 명확하게 기록해둔다면 어떻게 현재의 형태로 변환되었는지 쉽게 추적할 수 있다. 이를 통해 조직 내에서 데이터의 출처와 변화를 투명하게 관리할 수 있으며 잘못된 데이터로 인한 의사결정의 오류를 방지할 수 있다.

아니라면 개체–관계 다이어그램entity-relationship diagram, ERD을 잘 준비해놓기를 권한다. ERD를 통해 데이터 엔티티와 이들 간의 관계를 시각적으로 표현할 수 있다. 이는 AI 모델이 의존하는 데이터의 구조를 명확히 이해하고, 이를 기반으로 AI 시스템을 설계하는 데 중요한 역할을 한다. 또한 협업 및 커뮤니케이션 도구로서의 역할을 한다. AI 트랜스포메이션은 다양한 팀과의 협업이 필수적인데, ERD는 데이터베이스 설계와 데이터 흐름에 대한 명확한 시각적 표현을 제공하여 팀 간의 원활한 커뮤니케이션을 돕는다. 비전문가도 쉽게 이해할 수 있는 시각적 자료로, 데이터 구조를 명확히 파악해주고 데이터 문서화를 표준화하며 데이터 품질을 향상시키고 변경 관리와 유지보수를 용이하게 한다. ERD를 통해 데이터 구조와 관계를 표준화된 방식으로 문서화함으로써, 데이터베이스 설계 및 AI 모델 개발 시 중요한 참고 자료로 활용할 수 있다. 이는 데이터의 정확성과 일관성을 보장하는 데 기여하며, AI 모델의 훈련과 예측 성능을 높이는 데 직접적인 영향을 미친다.

특히 AI 시스템이 데이터를 기반으로 학습하고 의사결정을 내리는 데 있어 잘 문서화된 데이터는 필수적이다. 잘못된 데이터나 불완전한 데이터 설명은 AI 시스템의 성능을 저하시킬 수 있으며 결국 잘못된 결론을 도출할 위험이 있다. 따라서 데이터 문서화는 AI 프로젝트의 성공에 직접적인 영향을 미친다.

....

대시보드(dashboard)
여러 데이터의 결과를 한눈에 보기 쉽게 시각적으로 정리한 화면이다. 예를 들어 회사의 매출, 고객 수, 상품 판매량 등을 한 번에 파악할 수 있도록 그래프나 차트로 보여주는 도구다. 복잡한 데이터를 쉽게 이해할 수 있도록 도와주며 빠른 의사 결정을 가능하게 한다.

메타데이터(metadata)
데이터에 대한 데이터로, 사진 파일이 있을 때 그 사진의 촬영 날짜, 위치, 파일 크기 등의 정보다. 파일 자체의 내용은 아니지만 파일을 이해하거나 관리하는 데 중요한 역할을 한다. 데이터가 어디서 왔는지, 어떤 형식인지, 어떻게 사용할 수 있는지 설명해준다.

개체-관계 다이어그램(entity-relationship diagram, ERD)
데이터베이스 설계에서 사용되는 도구로, 데이터들이 서로 어떻게 연결되어 있는지 시각적으로 표현하는 그림이다. 데이터 간의 관계를 보여주는 일종의 지도라고 생각하면 된다. 회사의 직원, 부서, 프로젝트 같은 데이터가 있을 때, ERD는 직원이 어떤 부서에 속해 있는지, 어떤 프로젝트를 담당하고 있는지 한눈에 파악할 수 있도록 도와준다. 이를 통해 복잡한 데이터 구조를 쉽게 이해하고 관리할 수 있다.

데이터 모델링(data modeling)
데이터를 어떻게 저장하고 관리할지 설계하는 과정으로, 데이터의 구조와 관계를 정의하는 것을 의미한다. 데이터를 체계적으로 정리하여 쉽게 접근하고 활용할 수 있도록 도와주는 역할을 한다. 데이터를 잘 관리하기 위해서는 데이터가 서로 어떻게 연결되어 있는지, 어떤 규칙에 따라 저장할 것인지 등을 명확히 해야 하는데, 데이터 모델링이 바로 이러한 일을 한다. 이를 통해 필요한 데이터를 빠르게 찾고, 잘못된 데이터를 최소화할 수 있다. 데이터를 기반으로 하는 모든 시스템에서 매우 중요한 단계다.

. . . .

내부 커뮤니케이션

AI 트랜스포메이션을 성공적으로 추진하기 위해서는 기술적인 요소뿐만 아니라 조직 내부의 커뮤니케이션도 매우 중요하다. 내부 커뮤니케이션은 AI 트랜스포메이션 과정에서 생길 수 있는 혼란이나 저항을 최소화하고 직원들이 변화에 동참하도록 유도하는 중요한 도구다.

AI 트랜스포메이션 과정에서 내부 커뮤니케이션을 알아보기 위해 비즈니스 목표를 공유하는 것이 얼마나 중요한지, 투명한 AI 적용 사례를 공유하는 것이 어떤 의미를 가지는지 살펴보겠다. 내부 커뮤니케이션이 어떻게 긍정적인 변화를 이끌어낼 수 있는지 알아보자.

비즈니스 공유

내부 커뮤니케이션의 핵심 요소 중 하나는 비즈니스 목표와 전략을 조직 내 모든 구성원과 명확하게 공유하는 것이다. 비즈니스 목표를 명확하게 공유함으로써 직원들은 AI 트랜스포메이션의 필요성과 중요성을 더욱 잘 이해할 수 있다. 예를 들어 AI를 활용하여 고객 경험을 개선하려는 목표가 있다면 이 목표가 현재의 시장 상황에서 어떤 의미를 가지며 AI가 어떻게 이 목표를 달성하는 데 기여할 수 있는지 구체적으로 설명해야 한다. 이는 직원이 AI 기술을 익히는 것을 넘어서 왜 이 기술이 비즈니스 성공에 필수적인지 이해하도록 돕는다. 그러려면 AI에 대한 정기적인 업데이트와 교육 기회가 중요하다. 정기적인 AI 관련 업데이트를 통해 직원은 최신 기술 동향과 조직 내 AI 활용 현황을 파악할 수 있으며 이를 통해 변화하는 환경에 더 잘 적응할 수 있다. AI가 비즈니스에 어떻게 적용되는지, 각 부서나 팀의 업무에 어떤 영향을 미칠 수 있는지 구체적으로 공유하여 AI를 효과적으로 이해하고 활용하도록 돕는다.

비즈니스 목표와 전략을 공유하는 과정에서는 경영진의 적극적인 참여와 지원이 필수적이다. 경영진이 AI 트랜스포메이션에 대한 비전을 명확하게 전달하고 그 과정에서 나타날 수 있는 우려나 질문에 대해 열린 대화를 나눠야 한다. AI가 가져올 변화에 대해 직원들이 불안해할 수 있는 부분을 경청하고 경영진이 솔직하게 답변하며 함께 해결책을 모색하는 과정은 신뢰를 쌓고 변화에 대한 긍정적인 태도를 형성하는 데 기여한다. 이는 직원들이 AI 트랜스포메이션을 조직의 미래를 위한 필수적인 과정으로 인식하고 자발적으로 참여하도록 유도하는 데 큰 도움이 된다.

비즈니스 목표와 전략에 대한 명확한 공유는 조직 내 모든 구성원이 같은 방향을 향해 나아갈 수 있도록 돕는다. AI 트랜스포메이션 과정에서 축적된 지식이 효과적으로 재활용되고 전략적으로 활용되기 위해서는 비즈니스 목표가 직원에게 명확하게 전달되어야 한다. 이를 통해 직원들은 자신이 수행하는 작업이 전체 비즈니스 목표와 어떻게 연결되어 있는지 이해하며 이는 곧 AI 트랜스포메이션 과정에서의 적극적인 참여와 혁신을 이끌어내는 원동력이 된다.

조직 내 지식과 비즈니스 목표와 전략이 명확하게 공유되어야 한다. 이 두 가지 요소가 결합될 때 조직은 AI 트랜스포메이션을 통해 얻은 경험과 데이터를 바탕으로 지속적인 성장과 혁신을 이끌어낼 수 있다.

투명한 AI 적용 사례 공유

AI 트랜스포메이션의 성공을 위한 핵심 요소 중 하나는 조직 내에서 발생한 모든 성공과 실패 사례를 숨김없이 공유하는 것이다. 프로젝트의 결과만이 아니라 그 과정에서 겪은 도전과 배운 교훈을 조직 전체에 전달하는 과정은 AI 트랜스포메이션을 추진하는 모든 구성원이 더 나은 의사결정을 내리고 지속적인 성장을 가능하게 하는 중요한 기반이 된다.

성공과 실패를 숨기지 않고 공유하는 이유는 AI 트랜스포메이션이 본질적으로 많은 불확실성과 복잡성을 동반하기 때문이다. AI 프로젝트는 새로운 기술을 적용하거나 기존의 업무 방식을 크게 변화시킨다. 이러한 과정에서 예상치 못한 문제나 도전이 나타나는 것은 자연스러운 일이다. 이때 중요한 것은 문제를 숨기지 않고 솔직하게 공유하는 일이다. 실패 사례를 투명하게 공유해야 다른 팀이나 부서가 동일한 실수를 반복하지 않을 수 있으며 이는 조직 전체의 자원과 시간을 절약해준다.

예를 들어 AI를 활용하여 고객 데이터를 분석하는 프로젝트를 진행한 팀이 있는데 이 프로젝트에서 예상했던 결과를 얻지 못했다고 하자. 이들이 실패한 이유는 데이터의 품질 문제나 AI 알고리즘의 오류 때문일 수 있다. 이러한 실패 사례를 조직 내 다른 팀과 공유하지 않으면 동일한 문제를 겪을 가능성이 높아지고 이는 다른 프로젝트의 성공에도 부정적인 영향을 미친다. 반면, 실패한 원인과 해결 과정을 투명하게 공유하면 다른 팀은 이를 바탕으로 더욱 신중하게 프로젝트를 계획하고 실행할 것이다.

물론 성공 사례도 중요하다. 성공적인 AI 프로젝트에서 어떤 전략이 효과적이었는지, 어떤 요소가 성공으로 이끌었는지 공유하면 다른 팀이 이를 참고하여 성공 확률을 높일 것이다. 하지만 이때도 성공 과정에서 겪은 어려움과 이를 극복한 방법을 솔직하게 이야기해야 한다. 성공만 강조하고 도전 과정을 무시하면 같은 어려움을 겪어도 적절한 대응 방안을 마련하지 못할 수 있다.

무엇보다 실패 사례를 조직 내에서 공유하지 않으면 비슷한 문제가 반복적으로 발생할 것이다. 이는 조직 전체의 효율성을 저하시킬 뿐만 아니라 AI 트랜스포메이션의 성공을 저해할 수 있다. 성공 사례를 공유하지 않아도 새로운 프로젝트에서 검증된 방법을 활용할 기회를 놓친다. 이는 조직이 새로운 프로젝트를 추진할 때 불필요한 시행착오를 겪게 만들고 결과적으로 시간과 자원의 낭비를 초래할 수 있다.

모든 사례를 숨김없이 공유하면 프로젝트의 단기 성과뿐 아니라 장기 성과를 측정하고 관리하는 데 도움이 된다. 조직은 각 프로젝트가 어떤 성과를 내고 있는지, 이러한 성과가 조직의 장기적인 목표와 어떻게 연결되는지 정확하게 파악할 수 있어서 단기적인 성과에만 집중하지 않고 장기적인 전략과 목표를 고려하여 AI 트랜스포메이션을 추진할 수 있다. 초기 AI 프로젝트에서의 실패는 단기적으로는 부정적인 결과로 보일 수 있지만 이를 통해 얻은 교훈을 다음 프로젝트에서 적용하면 장기적으로 더 큰 성공을 이끌어낼 수 있다.

또한 사례 공유는 자연스럽게 데이터 기반의 의사결정을 촉진한다. AI 트랜스포메이션 과정에서 축적된 지식과 경험은 조직의 전략적 의사결정을 지원하는 중요한 자원으로 작용할 수 있다. 모든 구성원이 이러한 지식과 경험에 접근하면 의사결정 과정에서 더 풍부한 정보를 활용할 수 있어서 더 나은 전략을 수립한다.

게다가 조직 내에서 혁신 문화를 촉진하는 데도 큰 역할을 한다. 모든 구성원이 경험을 자유롭게 공유하고 다른 사람의 피드백을 받을 수 있는 환경이 조성되면 AI 트랜스포메이션은 특정 부서나 전문가 그룹에 국한된 것이 아니라 조직 전체가 함께하는 여정이 된다. 이는 곧 더 많은 아이디어와 혁신적인 접근이 가능해지는 토대가 된다.

그런데 현실적으로는 많은 부서들이 실패를 숨기려 한다. 첫 번째 이유는 실패에 대한 부정적인 인식 때문이다. 많은 조직에서 실패에 대해 개인

조직 내 경쟁 심리   부정적인 인식

책임 소재

그림 5-6 실패를 숨기는 대표적인 이유 세 가지. 실패는 숨기는 것보다 공유하는 것이 조직 전체에 도움이 된다는 것을 인식시켜야 한다.

의 무능력이나 부서의 역량 부족 탓으로 돌리기 때문에 실패를 인정하는 것이 곧 자신이나 부서의 능력에 대한 의문을 불러일으킬 수 있다고 생각한다. 이는 곧 부서들이 실패를 숨기려 하거나 실패를 최소화하려는 경향으로 이어진다.

또한 실패를 공유함으로써 자신이 책임을 질까 봐 두려워한다. 특히 프로젝트의 실패가 큰 재정적 손실이나 중요한 전략적 목표의 실패로 이어질 경우, 해당 부서나 팀은 자신들에게 돌아올 책임을 회피하고자 실패를 숨기거나 그 원인을 외부 요인으로 돌리려 한다. 이는 실패에 대한 책임 소재가 명확하지 않거나 실패에 대한 책임이 지나치게 개인이나 특정 부서로 집중되는 조직에서 두드러지는 경향이다.

세 번째로 조직 내 경쟁 심리와도 관계가 있다. 조직 내에서 부서 간 경쟁이 치열할 경우, 실패를 공개하면 다른 부서에 비해 불리한 위치에 놓일 수 있다고 생각한다. 그러다 보면 이러한 경쟁 구도에서는 성공만 강조하고 실패는 숨기는 것이 부서의 생존 전략으로 작용한다. 그러므로 조직문화와 구조를 재검토하고 개선해야 한다.

가장 중요한 것은 실패를 바라보는 시각을 바꾸는 것이다. 실패를 문제나 비난의 대상으로 삼기보다는 학습과 성장의 기회로 인식하도록 조직 문화를 변화시켜야 한다. 이는 실패를 받아들이고 그로부터 교훈을 얻는 과정을 조직 내에서 긍정적으로 평가하는 문화를 형성함으로써 가능하다. 그러려면 경영진이 앞장서서 실패에 대한 열린 태도를 보여줘야 한다. 경영진이 실패를 인정하고 이를 학습의 기회로 삼는 사례를 공유한다면 구성원들도 실패를 두려워하지 않고 공유할 수 있는 분위기가 조성될 것이다.

또한 실패에 대한 책임을 묻기보다는 실패에서 무엇을 배웠는지에 초점을 맞추는 평가 시스템을 도입한다. 프로젝트의 실패 원인을 분석하고 이를 조직 전체와 공유하는 과정을 공식화함으로써 실패가 단순히 실수로 끝나지 않고 조직의 지식 자산으로 전환될 수 있다.

부서 간에 협력과 지식 공유를 촉진하는 조직 구조를 마련하는 것도 중요한 과제다. 부서 간에 경쟁이 지나치게 심화되지 않도록 공동의 목표를 설정하고 협력하는 문화를 조성한다. 실패의 공유가 조직의 성공에 기여할 수 있다는 점을 명확히 인식시킨다. 실패를 숨기면 단기적으로는 부서의 이미지나 평가를 보호하는 데 도움이 될지 모르지만, 장기적으로는 조직 전체의 성장과 혁신을 저해하는 요인이 된다. 투명한 공유 문화는 결국 조직의 경쟁력을 강화하는 강력한 도구가 될 것이다.

외부 커뮤니케이션

AI 트랜스포메이션이 성공하려면 조직 내부뿐만 아니라 외부와도 원활히 소통해야 한다. 외부 커뮤니케이션은 고객, 파트너, 투자자 등 다양한 이해관계자에게 조직의 AI 도입 전략과 방향을 명확히 전달하고 그들의 신뢰를 얻는 중요한 과정이다.

이 절에서는 AI 트랜스포메이션 과정에서 효과적인 외부 커뮤니케이션을 통해 조직이 얻을 수 있는 이점에 대해 정부와 투자자/이해관계자 그리고 표준 설립의 측면에서 살펴볼 것이다.

정부와 커뮤니케이션

AI 트랜스포메이션 과정에서 정부와 커뮤니케이션은 매우 중요한 요소 중

하나다. 정부는 규제와 정책을 통해 AI 기술의 도입과 발전에 큰 영향을 미칠 수 있기 때문에 정부와 원활한 소통이 필수적이다. 정부와 커뮤니케이션은 AI 도입에 있어 협력적인 파트너십을 구축하고 정책 변화에 발맞춰 전략을 조정하는 데 중요한 역할을 한다.

미국의 AI 로비스트 숫자는 2020년 1619명이었지만 2023년 3410명으로 2배를 넘어섰으며, 이름을 들어보았을 법한 굵직한 조직을 포함한 수많은 조직이 정부와의 커뮤니케이션을 시도하고 있다.* 유럽의 경우도 2023년 기준 EU 집행위 고위 관계자의 78%가 여러 조직과 AI 관련 미팅을 했으며, 미스트랄AIMistral AI는 브뤼셀에 로비 사무소를 열었고, 알레프알파Aleph Alpha는 2023년 하반기에만 독일 정부 회의에 12번이나 의견을 냈다.

그들은 왜 이렇게 정부와의 커뮤니케이션에 열심일까? 정부와의 커뮤니케이션은 AI 기술 도입에 따른 법적, 윤리적 이슈를 효과적으로 관리하기 위해 필요하다. AI 기술이 발전함에 따라 개인정보 보호, 알고리즘의 투명성, 데이터 보안 등 다양한 법적 문제가 대두되는데, 이러한 문제를 해결하기 위해 정부는 다양한 규제와 가이드라인을 마련하고 있다. 따라서 정부와의 긴밀한 소통을 통해 최신 규제 동향을 파악하고 이에 맞춰 조직의 AI 전략을 조정하는 것이 중요하다.

또한 정부와의 협력은 AI 트랜스포메이션을 촉진하는 데 있어서 중요한 역할을 한다. 정부는 AI 연구개발 지원, 인프라 구축 기술 표준화 등의 측면에서 중요한 역할을 담당하고 있다. 정부의 지원 프로그램이나 정책을 활용하여 AI 도입을 가속화할 기회를 얻으려면 정부와 적극적으로 소통해야 한

---

* https://www.hankyung.com/article/2024071053721

이유	보완된 내용
법적 이슈 관리	법적 리스크를 사전에 파악하고 법적 분쟁을 예방하며 법률적 불확실성을 줄이기 위해 정부와의 협력이 필수적이기 때문이다.
규제 준수	조직이 규제 위반으로 인한 법적 제재나 평판 리스크를 피하기 위해 정부와의 소통을 통해 최신 규제 정보를 얻고 이를 기반으로 AI 전략을 조정하는 것이 중요하기 때문이다.
정책 변화 및 방향성 탐지	정부의 AI 관련 정책 변화에 신속히 대응하고 AI 트랜스포메이션의 방향성을 조정하기 위해 정부와의 긴밀한 소통이 요구되기 때문이다.
정부 지원 활용	정부의 보조금 기술 지원 프로그램에 참여하여 AI 기술 개발과 도입에서 더 큰 성과를 낼 수 있으며 특히 스타트업이나 소규모 조직에 더욱 효과적이기 때문이다.

표 5-8 정부와의 소통과 협력이 AI 트랜스포메이션에서 중요한 이유

다. 정부가 제공하는 AI 관련 연구개발 보조금이나 기술 지원 프로그램에 참여함으로써 더 큰 성과를 낼 수 있다. 특히 스타트업이나 영세한 조직일수록 도움이 될 것이다.

정부 또한 AI의 주도권을 다른 나라에 빼앗기지 않기 위해 기술적 경쟁력을 확보하기 위해 기업을 지원하고 귀를 기울인다. 미국 정부가 만들기로 한 'AI 안전보안이사회AI Safety and Security Board'에 오픈AI의 샘 올트먼, 구글의 순다르 피차이, 마이크로소프트의 사티아 나델라 등 미국 AI 업계를 이끄는 최고경영자들이 포함된 것은 당연하다.[*] 하지만 한국에서는 정부와의 협력이 정경유착으로 비춰질 수 있으므로 AI 트랜스포메이션 과정에서 정부와의 커뮤니케이션을 투명하고 신중하게 관리해야 할 것이다. 조직은 정부와의 협력 내용을 공개하고, 협력 과정에서의 의사결정 과정을 명확히 설명해야 한다. 정부로부터 받는 지원이나 참여하는 정책 프로그램에 대해 조

---

[*] https://kids.donga.com/?ptype=article&no=20240429133834222044

직 내부뿐만 아니라 대외적으로도 투명하게 알려야 하는 것이다. 이를 통해 정부와의 협력이 정경유착이 아닌 합법적이고 합리적인 비즈니스 협력임을 명확히 할 수 있다. 정부와의 협력 과정에서 제3자의 검증을 받는 것도 좋은 방법이다. 독립적인 감사 기관이나 전문가 집단이 정부와의 협력 관계를 평가하고 그 결과를 공개함으로써 외부의 시선에서 정경유착 우려를 해소할 수 있다.

그러나 정부와 직접 커뮤니케이션을 할 수 있는 조직보다는 그렇지 않은 조직이 더 많다. 특히 중소 조직이나 신생 스타트업은 정부와의 접촉 기회가 제한적이고 정부의 정책이나 지원 프로그램에 접근하기 어렵다. 그보다는 정부 정책의 방향성을 바르게 읽고 기민하게 대처할 필요가 있다.

이러한 상황에서 여러 조직은 몇 가지 전략을 통해 정부와 직간접적으로 소통할 수 있다. 먼저 산업 협회나 연합체를 통한 간접적 소통도 가능하다. 이러한 단체를 통해 정부의 최신 정책 동향 방향성을 가늠해보거나 소통을 촉진할 수 있는 것이다. AI 반도체 협력 포럼이 좋은 예다.* 과학기술정보통신부, 산업통상자원부와 함께 한국반도체산업협회, 한국팹리스산업협회, 한국자동차모빌리티산업협회, 한국전자통신산업진흥회, 한국기계산업진흥회, 한국로봇산업협회, 한국정보통신진흥협회, 한국의료기기협동조합이 함께한 AI 반도체 협력 포럼은 정부와 여러 단체가 소통할 수 있는 기회다.

그리고 공공 자원을 적극 활용하는 것도 중요하다. 정부는 다양한 온라인 포털과 공공 데이터를 통해 정책 정보를 제공하고 있어서 이러한 자원을

---

* https://www.thelec.kr/news/articleView.html?idxno=26970

잘 활용하면 정부와 직접적인 커뮤니케이션 없이도 필요한 정보를 얻을 수 있다. 정부의 AI 관련 정책이나 지원 프로그램에 대한 정보를 제공하는 웹 사이트나 포털 사이트를 자주 방문하여 최신 정보를 지속적으로 파악한다. 특히 정책을 세우면 AI 비즈니스 전략과의 연계 가능성을 검토하여 함께 발전할 수 있는 방향을 찾고 제시하는 것도 좋다. 예를 들어 최근 발표한 '온디바이스 AI'와 같은 실행 계획*을 면밀히 살펴보고 자사의 온디바이스 사업과 어떤 관계가 있는지 검토하여 기민하게 반응하는 식이다.

마지막으로 정부 지원 프로그램에 적극적으로 참여하는 것이다. 정부는 중소 조직이나 스타트업을 대상으로 다양한 지원 프로그램을 운영하면서 소통한다. 이러한 프로그램에 적극적으로 참여함으로써 정부의 정책 방향에 제언할 수도 있다. 예를 들어 뱅크샐러드 서비스를 운영하는 레이니스트가 '데이터 경제 활성 규제 혁신' 간담회에 참가하여 제안한 경우가 있다.†

정부와 직접적인 커뮤니케이션이 어려운 조직들도 다양한 간접적 방법과 전략을 통해 정부와의 소통을 원활하게 할 수 있다. 산업 협회, 공공 자원 활용, 네트워크와 파트너십 구축, 지원 프로그램 참여, 커뮤니케이션 역량 강화 등은 모두 조직이 AI 트랜스포메이션을 추진하는 과정에서 정부와 효과적으로 협력할 수 있는 방법이다.

---

* https://www.aitimes.com/news/articleView.html?idxno=156687
† https://www.kbanker.co.kr/news/articleView.html?idxno=74931

로비스트(lobbyist)
법이나 정책을 만드는 사람들에게 특정한 의견을 전달하고 설득하는 사람을 말한다. 예를 들어 AI 기술 회사가
자신들의 제품이 잘 사용될 수 있도록 정부에 법이나 규제를 바꾸자고 이야기할 때 로비스트가 나서서 이를 도
와준다. 이들은 주로 정부 관계자나 정치인과의 네트워크를 활용해 특정 산업이나 회사의 이익을 대변한다.

기술 표준화(technology standardization)
여러 회사나 기관이 동일한 기준에 맞춰 기술을 개발하고 사용하는 것을 의미한다. 예를 들어 모든 AI 시스템이
동일한 언어로 소통할 수 있도록 정해진 규칙을 만드는 것이다. 이를 통해 서로 다른 회사의 AI 기술도 문제없이
함께 작동할 수 있다. 이는 마치 전 세계에서 동일한 규격의 전기 플러그를 사용하는 것과 비슷하다.

온디바이스 AI(on-device AI)
클라우드나 인터넷 서버에 연결하지 않고 기기 자체에서 AI가 작동하는 것을 말한다. 예를 들어 스마트폰에서 음
성 비서를 사용할 때 인터넷에 접속하지 않고도 음성 명령을 처리하는 식이다. 이는 인터넷이 연결되지 않은 상
황에서도 AI 기능을 사용할 수 있게 해준다.

투자자/이해관계자와 커뮤니케이션

AI 트랜스포메이션을 추진하는 과정에서 투자자와 이해관계자와의 커뮤니
케이션은 조직의 성공에 결정적인 역할을 한다. AI 트랜스포메이션은 상당
한 자본과 자원이 필요하며, 이는 투자자와 이해관계자의 신뢰와 지원 없이
는 원활하게 진행되기 어렵다. 따라서 이들에게 AI 트랜스포메이션의 목적
과 기대 효과를 명확히 전달해서 그들이 이해하고 적극적으로 지지하도록
한다.

먼저 투자자와 이해관계자에게 AI 트랜스포메이션의 비전을 명확히 전
달해야 한다. AI 트랜스포메이션은 기술적 변화가 아니라 조직의 미래를 새
롭게 설계하는 과정임을 강조한다. AI가 어떻게 경쟁력을 강화하고 새로운
시장 기회를 창출하며 장기적으로 수익성을 개선할 수 있는지 설명할 필요
가 있다. AI를 통해 고객 경험을 혁신하고 운영 효율성을 극대화하며 데이

터 기반의 의사결정을 강화하는 전략을 투자자들에게 구체적으로 제시할 수 있다. 그러면 AI 트랜스포메이션을 단기적인 비용이 아닌 장기적인 투자로 인식할 것이다.

또한 AI 트랜스포메이션의 리스크와 대응 전략에 대해 투명하게 공유한다. AI 도입에는 기술적 리스크, 규제 리스크, 시장 리스크 등 다양한 불확실성이 따르기 마련이다. 이러한 리스크를 숨기기보다는 어떻게 관리하고 최소화할 계획인지 설명하는 것이 투자자들의 신뢰를 얻는 데 도움이 된다. AI 프로젝트에 대한 단계적 접근 방식을 채택하여 리스크를 관리하고 예산 초과나 일정 지연을 방지하기 위한 구체적인 계획을 가지고 있다는 점을 강조하면 투자자들은 조직이 AI 트랜스포메이션을 신중하고 체계적으로 추진하고 있음을 확인할 것이다.

또한 성공적인 사례와 기대되는 성과를 공유할 필요도 있다. 투자자와 이해관계자는 AI 트랜스포메이션이 실제로 어떤 성과를 가져올지 궁금할 것이다. 유사한 산업이나 시장에서의 성공적인 AI 도입 사례를 공유하거나, 조직이 초기 AI 프로젝트를 통해 얻은 긍정적인 결과를 소개하는 것이 도움이 된다. 예를 들어 AI를 통해 운영 비용을 절감하거나 고객 만족도를 크게 향상시킨 사례를 제시함으로써 AI 도입이 조직에 실질적인 가치를 더할 수 있음을 증명하는 식이다. 선도적인 AI 조직에서는 이미 AI 역량으로 수익성이 개선되어 조직 가치가 크게 상승했다. 그러므로 가치 창출을 제시하고 성장하는 AI 역량을 설명하면 투자자는 조직을 적절하게 평가하고 장기적인 투자 대상으로 신뢰할 것이다. 또한 장기적인 수익 모델과 투자 회수 계획을 명확히 제시한다. AI 트랜스포메이션은 장기적인 성장과 혁신을 목표로 하는 경우가 많아서 AI 도입이 장기적으로 어떻게 수익을 창출할 것인지, 투자 회수가 어떤 방식으로 이루어질 것인지 명확히 설명해야 한다.

마지막으로 지속적인 커뮤니케이션을 통해 투자자와 이해관계자와의 관계를 강화한다. AI 트랜스포메이션은 빠르게 변화하는 과정이기 때문에 정기적으로 진행 상황을 업데이트하고 주요 성과와 도전 과제를 공유해야 투자자는 자신이 지원하는 프로젝트가 어떻게 발전하고 있는지 파악할 수 있다. 이는 지속적인 신뢰와 지지를 얻는 데 중요한 요소가 된다.

투자자와 이해관계자와의 소통은 AI 트랜스포메이션 과정에서 조직의 성공에 매우 중요한 역할을 한다. 정보 전달의 차원을 넘어 조직의 전략적 방향을 이해시키고 그 과정에서 필요한 지원과 신뢰를 구축하는 중요한 과정이기 때문이다. 이들을 이해시키면 내부의 고객인 임직원을 설득하기가 수월해진다. 또한 조직의 AI 트랜스포메이션이 성과를 가져온다는 확신이 들면 다양한 자원과 지원을 제공할 것이다. 조직의 성공이 그들의 이익에 직결되기 때문에 다양한 파트너 업체와 공급망 확보를 지원해줄 수 있다.

기술 표준 수립 및 커뮤니케이션

기술 표준을 설립하거나 준수하는 것은 기술적 지침을 넘어 AI 기술의 도입과 확산을 가속화하고 그 과정에서 발생할 수 있는 다양한 문제를 사전에 방지하는 중요한 역할을 한다. 여기서 기술 표준technical standard은 일상생활에서 사용하는 여러 가지 기술이나 제품이 서로 잘 호환되도록 하는 규칙이나 기준이다. 예를 들어 전 세계 어디에서나 사용할 수 있는 USB 케이블은 특정한 규격(표준)이 있어서 다양한 컴퓨터나 스마트폰에서 사용할 수 있다. 만약 표준이 없다면 각 회사가 자신만의 방식으로 케이블을 만들었을 테고 제품을 바꿀 때마다 새로운 케이블을 사거나 그에 맞는 장비를 찾아야 하는 불편함이 생겼을 것이다.

따라서 표준은 기술이나 제품이 서로 잘 맞도록 만들어주는 규칙이다. 이 규칙을 따르기 때문에 다양한 회사에서 만든 제품이 서로 호환되고 사람들이 더 편리하게 사용할 수 있다. 표준이 있으면 AI 모델을 학습하는 과정과 학습된 모델의 결과를 제품에 적용하는 데 효율이 높아져 더 빠른 AI 트랜스포메이션에 기여할 수 있다. 이렇듯 표준은 이러한 통합 과정을 원활하게 만들어주며 AI 기술이 빠르게 적용되게끔 한다.

표준이 없다면 데이터의 일관성이 떨어지며 이는 곧 AI 트랜스포메이션의 성공을 저해하는 큰 장애물이 될 수 있다. 예를 들어 AI를 활용해 고객 데이터를 분석할 때 표준화되지 않은 데이터 형식이 사용된다면 분석에 필요한 데이터 수집과 통합에 더 많은 시간과 자원이 소요된다. 이는 AI의 도입과 활용이 지연되는 결과를 낳으며 트랜스포메이션의 속도를 늦춘다. 표준은 AI 기술이 여러 시스템과 조화롭게 작동할 수 있도록 돕는다. 표준이 없으면서로 호환되지 않아 효과적으로 활용하기 힘들다.

또 기술 면에서도 AI 시스템 간의 상호 운용성이 부족해지면서 다양한 기술이 하나의 통합된 환경에서 조화롭게 작동하지 못할 수 있다. 이는 곧 기업이 AI를 도입하여 얻고자 하는 비즈니스 혁신과 효율성 향상이 이루어지지 않는 결과를 초래할 수 있다. 따라서 표준은 AI 트랜스포메이션의 필수 요소로 기업들이 AI 기술을 효과적으로 도입하고 확장할 수 있는 중요한 기반이다. AI 기술에 표준이 없다면 시스템 간에 충돌이 생기고 기술 도입이 혼란스러워질 수 있다.

기술적 표준이 AI 트랜스포메이션과 밀접하게 연관되어 있는 이유는 AI 기술이 도입되는 환경이 매우 복잡하고 다변하기 때문이다. 기업들은 다양한 출처에서 데이터를 수집하고 이를 분석해 의사결정을 내리며 여러 AI 시스템과 도구를 통합해 사용한다. 그런데 기술적 표준이 없다면 시스템 간의 호환성이 떨어져 데이터 통합이 어려워지고 AI 모델의 적용과 관리가 비효율적일 것이다. AI를 통해 생산 공정을 자동화하고 싶어도 공정 관리 시스템과 AI 시스템이 상이한 데이터 형식을 사용한다면 이들을 연결하고 데이터를 공유하는 데 많은 시간이 든다.

예를 들어 의료 산업에서는 표준을 수립하는 것이 통합을 원활하게 할 뿐 아니라 경제적 효과를 가져올 수 있다. 최근 의료 영상에서 질병의 징후를 AI로 자동으로 탐지하고 분석해 의사들이 더 빠르고 정확하게 진단을 내릴 수 있도록 돕는 사례가 늘고 있다. 만약 특정 기업이 의료 영상 분석에 사용되는 AI 알고리즘의 학습 데이터 형식에 대한 표준을 선점한다면 그 표준이 업계의 기준이 되어 다른 의료 기관이나 AI 기술 개발자도 이를 따를 것이다. 솔루션을 도입하려고 하는 고민하는 업체에서는 표준을 기반으로 한 AI 솔루션을 제공하는 업체와 협력할 가능성이 높아진다.

표준을 선점한 기업은 해당 기술 분야에서 리더로 자리매김하고 다른 기업은 그 표준에 맞춰 기술을 개발하면서 자연스럽게 시장 지배력을 강화할 수 있다. 표준을 선점한 기업은 기술 개발, 협업, 라이선싱 등에서 유리한 위치를 점하고 장기적인 경제적 효과를 얻는다. 또한 표준을 기반으로 한 솔루션의 라이선스 및 유지보수 계약을 통해 지속적인 수익을 창출할 수 있다.

한편, 다른 기업이나 기관이 만든 표준을 적용하는 것도 이점이 있다. 이미 검증된 기술 표준을 채택함으로써 개발 비용과 시간을 절약할 수 있기 때문이다. 특히 외부 시스템과의 통합이 중요한 AI 트랜스포메이션 과정에서는 표준의 적용이 필수적이다. 예를 들어 클라우드 기반 AI 서비스를 도입하는 기업이 표준화된 데이터 형식을 사용하면 다른 시스템과의 통합이 쉬워지고 데이터를 교환하는 데 있어서도 혼선이 발생하지 않는다.

이러한 표준 적용은 기업 간 협업을 촉진하고 더 큰 혁신을 가능하게 한다. 예를 들어 제조업에서 AI 기반 품질 검사 시스템을 도입할 때 표준화된 데이터 처리 방식이 없으면 각 시스템 간의 정보 교환이 어려워진다. 하지만 표준이 적용되면 서로 다른 제조업체의 시스템이 원활하게 데이터를 주고받을 수 있어서 전체적인 품질 관리가 향상된다.

이러한 표준의 중요성과 그 효과를 잘 보여주는 사례 중 하나로 최근 국제 승인된 '뇌−컴퓨터 인터페이스brain-computer interface, BCI 데이터 형식' 국제표준안을 들 수 있다.* BCI 기술은 인간의 뇌와 컴퓨터 간의 직접적인 상호작용을 가능하게 하는 혁신적인 기술로 의료, 게임 보조 기기 등 다양한 분야에서 큰 잠재력을 가지고 있다. 그러나 초기에 각기 다른 연구 기관과 기업이 서로 다른 데이터 형식과 프로토콜을 사용하면서 기술 개발과 상용화 과정에서 많은 어려움을 겪었다.

이 문제를 해결하기 위해 국가표준기술력향상사업을 통해 개발된 BCI 데이터 형식 표준안은 관련 디바이스 제조사 간의 데이터 상호 호환성을 확보하고자 공통 데이터와 필수 데이터의 범위를 정하고 통일된 데이터 형식

---

*   https://www.newsian.co.kr/news/articleView.html?idxno=63653

을 제시했다. 이는 BCI 관련 산업화 촉진과 제품 개발 비용 감소라는 실질적인 효과를 가져오며 기술의 상용화를 가속화시킬 것이다. 특히 새로운 기업이 BCI 시장에 진입하는 장벽을 낮추어 산업 전체의 성장을 촉진하는 중요한 역할을 할 것으로 보인다. 반면, 표준화에 뒤처진 기업은 경쟁에서 뒤처질 위험이 크다.

표준화 선점을 위해서는 연구 개발에 지속적으로 투자해야 한다. 기업은 AI 기술의 발전 방향을 예측하고 그에 걸맞게 혁신적인 기술을 개발하여 표준화 논의에서 주도적인 역할을 할 수 있어야 한다. 특히 AI 기술의 핵심 요소에 대한 특허를 확보하고 이를 바탕으로 표준화 과정에서 영향력을 강화해야 한다. 이를 통해 기업은 경쟁사보다 앞서 기술을 상용화할 수 있는 기회를 얻는다.

기업은 표준화 전략을 통해 새로운 시장 기회를 창출하고 AI 트랜스포메이션을 통해 근본적으로 변화하는 데 기여할 수 있다.

. . . .

기술 표준(technical standard)
여러 기술이나 시스템이 동일한 방식으로 작동하도록 정해진 규칙이나 기준을 말한다. 마치 모든 회사가 같은 규격의 부품을 사용해 제품을 만드는 것처럼, 기술 표준은 서로 다른 회사나 시스템이 문제없이 함께 작동하도록 돕는다. 예를 들어 모든 컴퓨터에서 USB 포트에 동일한 USB 장치를 꽂을 수 있는 것도 기술 표준 덕분이다.

뇌-컴퓨터 인터페이스(brain-computer interface, BCI)
사람의 뇌와 컴퓨터를 직접 연결하는 기술을 일컫는 말로, 이 기술을 통해 생각만으로 컴퓨터나 기기를 제어할 수 있다. 예를 들어 마비 환자가 생각만으로 휠체어나 로봇 팔을 움직일 수 있게 하는 것이 뇌-컴퓨터 인터페이스의 예다. 이는 기술이 인간의 신체 능력을 어떻게 확장할 수 있는지를 보여주는 흥미로운 사례다.

인터페이스(interface)
사람과 기계 혹은 두 시스템 간에 상호작용할 수 있도록 돕는 매개체를 의미한다. 예를 들어 스마트폰을 사용할 때 화면에 보이는 버튼이나 아이콘이 인터페이스다. 인터페이스 덕분에 복잡한 기술을 쉽게 사용할 수 있고 사용자와 기기 간의 소통이 원활해진다.

. . . .

리스크 관리

AI 기술의 도입과 확산은 새로운 기회와 함께 다양한 리스크를 동반한다. AI 시스템의 성능과 신뢰성은 데이터의 품질과 직결된다. 따라서 데이터 관련 리스크는 AI 트랜스포메이션에서 중요한 고려 사항 중 하나다. 그렇다면 데이터 관련 리스크는 어떤 것이 있을까?

먼저 데이터 품질 문제가 있다. AI 모델이 정확한 예측과 결정을 내리기 위해서는 고품질의 데이터가 필수적이다. 그러나 데이터가 불완전하거나 부정확하면 모델의 결과도 왜곡될 수 있다. 데이터의 불균형, 노이즈, 결측값 등은 모델의 성능을 저하시킬 수 있는 잠재적 위험 요소다. 또한 데이터 보안 및 프라이버시 문제가 발생할 수 있다. 대량의 데이터를 수집하고 처리하다 보면 데이터 보안과 프라이버시 보호가 중요한 과제가 된다. 데이터 유출이나 해킹, 개인정보 침해 등의 사고는 조직의 신뢰도를 크게 훼손한다. 따라서 데이터를 안전하게 관리하고 법적 규제를 준수하는 것이 필수적이다. 마지막으로 데이터 편향 문제가 발생할 수 있다. AI 모델이 사용하는 데이터가 특정 편향을 포함하고 있을 경우 모델의 결과 역시 편향된다. 이는 조직의 의사결정에 부정적인 영향을 미칠 수 있으며 사회적 불공정성을 초래할 위험이 있다.

사실 AI 모델 자체도 여러 가지 리스크를 내포하고 있다. 특히 실제 운영 환경에서 예상치 못한 방식으로 작동할 경우 심각한 문제를 야기할 수 있다. AI 모델이 복잡할수록 그 동작을 이해하고 설명하기 어려워지는데, 모델의 예측이나 결정이 왜 그렇게 이루어졌는지 설명하지 못하면 투명성 문제를 초래할 수 있다. 모델이 제대로 작동하지 않을 때 이를 분석하고 수정하는 과정도 복잡해진다. 모델 성능 문제도 있다. 특히 데이터 드리프트나 새로운 유형의 데이터가 발생할 경우 모델은 적절히 대응하지 못할 수 있다. 이를 예방하기 위해 모델 성능을 지속적으로 모니터링하고 필요 시 재훈련이나 업데이트가 필요하다. 무엇보다 잘못된 방법으로 사용된 AI 모델은 조직에 큰 피해를 줄 수 있다. 따라서 모델의 사용 범위와 한계를 명확히 정의하고 이를 준수하는 것이 중요하다.

AI 트랜스포메이션 과정에서 발생할 수 있는 리스크를 효과적으로 관리하기 위해서는 체계적인 전략을 수립해서 관리하는 것이 중요하다. 이를 위해 리스크 식별 및 평가, 데이터 거버넌스 강화, 지속적인 모니터링, 업데이트 교육, 변화 관리, 법적 및 윤리적 검토가 매우 중요하다.

AI 프로젝트의 초기 단계부터 잠재적 리스크를 식별하고 이를 평가하는 과정을 도입하는 것이 좋다. 가장 중요한 리스크에 우선순위를 부여하고 이에 대한 대응책을 마련한다. 그 후 데이터 품질, 보안, 프라이버시 보호를 위한 체계적인 데이터 거버넌스 구조를 구축하여 데이터와 관련된 리스크를 최소화하고 AI 모델의 신뢰성을 높일 수 있다. 또한 AI 모델의 성능을 지속적으로 모니터링하고 환경 변화나 데이터 변화에 따라 모델을 재훈련하거나 업데이트하는 체계를 마련한다. 그러면 AI 모델의 성능 저하를 방지하고 변화에 신속히 대응할 수 있다. 조직 내 모든 임직원이 AI 트랜스포메이션의 필요성과 가치를 이해할 수 있도록 교육을 강화하고 변화 관리를 통해 조직 전체의 수용성을 높인다. 마지막으로 AI 시스템의 개발과 운영 과정에서 법적 및 윤리적 기준을 철저히 검토하고 이를 준수할 수 있는 절차를 마련한다. 또한 윤리적 문제를 사전에 식별하고 이를 해결하기 위한 방안을 마련한다.

그렇다면 리스크 관리를 어떻게 할 수 있을까? 먼저 데이터 품질을 관리하려면 데이터 클리닝 및 전처리가 필요하다. 자동화된 도구와 알고리즘을 사용해 대량의 데이터를 신속하게 정제하는 것이다. 이를 통해 의도치 않은 오류를 발생시킬 수 있는 상황을 배제할 수 있다. 물론 데이터 품질 모니터링 시스템을 구축하여 데이터가 지속적으로 유입되는 환경에서 데이터 품질을 점검할 수 있다. 실시간으로 데이터의 이상치outlier를 탐지하고 품질 저하를 자동으로 경고하여 데이터의 신뢰성을 유지하고 AI 모델의 성능을 보장할 수 있다.

데이터 보안 및 프라이버시 보호를 위해서는 엔드투엔드 데이터 암호화가 필요하다. 이는 데이터 전송 및 저장 과정에서 데이터를 암호화하여 외부 침입자로부터 보호한다. 모든 단계에서 데이터가 안전하게 처리될 수 있도록 강력한 암호화 알고리즘을 도입한다. 예를 들어 전송 계층 보안Transport Layer Security, TLS과 같은 기술을 활용해 네트워크에서 전송되는 데이터를 보호한다. 가능하다면 민감한 데이터를 처리할 때 프라이버시를 보호할 수 있는 AI 기술(예: Differential Privacy나 Federated Learning 같은 기술)을 사용하여 개인정보가 노출되지 않도록 한다. 이러한 기술은 데이터 분석 과정에서 개인정보를 보호하면서도 유의미한 인사이트를 얻을 수 있도록 돕는다. 마지막으로 정기적으로 데이터 보안 및 프라이버시 관련 규정 준수 여부를 감사하는 프로세스를 도입한다. 필요한 경우 규제 요건을 철저히 준수하고 이를 위한 내부 감시 및 보고 체계를 마련하여 관리해야 한다.

또한 AI 모델의 성능을 모니터링해야 한다. 이를 위해 모델이 실시간으로 작동하는 동안 성능 지표를 모니터링하는 시스템을 구축하여 관리한다.

예를 들어 데이터 분포의 변화가 발생할 때 이를 자동으로 탐지하여 성능 변화가 발생할 것 같다면 주기적인 모델 재훈련 및 업데이트를 해야 한다. 이를 통해 환경 변화나 새로운 데이터 유형에 대응한다.

무엇보다 법적 및 윤리적 리스크 관리가 필요하다. 이를 위해 법적 리스크 평가 및 준수 프로세스를 수립해야 한다. 가능하다면 법률 전문가와 협력하여 AI가 관련 법규와 충돌하지 않도록 하고, 법적 문제가 발생할 경우 신속하게 대응할 수 있는 절차를 마련하면 좋다. 윤리적 검토 위원회를 설립하는 것도 좋다. 이를 통해 사회적, 경제적, 인종적 편향성을 초래하지 않도록 검토하고 윤리적 문제를 해결하기 위한 가이드라인을 제공한다.

리스크 관리 분야	구체적인 대응 방안	모니터링 및 유지 방안
데이터 품질 관리	- 전처리 자동화 도구 및 알고리즘 도입 - 대량의 데이터 신속 정제 - 데이터 품질 모니터링 시스템 구축	- 실시간 이상치 탐지 및 자동 경고 시스템 - 정기적 데이터 품질 감사 및 로그 분석
데이터 보안 및 프라이버시 보호	- 엔드투엔드 데이터 암호화 - TLS와 같은 강력한 암호화 알고리즘 도입 - 프라이버시를 보호할 수 있는 AI 기술 적용	- 정기적인 보안 평가 및 침투 테스트 - 실시간 보안 위협 모니터링 시스템 운영
AI 모델 성능 관리	- 모델 성능 지표 실시간 모니터링 시스템 구축 - 데이터 및 모델 드리프트 감지 시스템 마련 - 주기적인 모델 재훈련 및 업데이트	- 성능 변화 발생 시 경고 시스템 운영 - 모델 업데이트 및 재훈련 주기 관리 - 모델 해석 가능성 도구로 성능 점검
법적 및 윤리적 리스크 관리	- 법적 리스크 평가 및 준수 프로세스 수립 - 법률 전문가와의 협력 - 윤리적 검토 위원회 설립 및 운영	- 법적 규제 변경 시 업데이트 반영 - 윤리적 검토 결과의 정기적인 재평가 - 법적 이슈 발생 시 대응 프로세스 구축

표 5-9 리스크 관리 표

여기서 다룬 리스크는 일반적인 것이고, 개별적인 상황에서는 또 다른 리스크가 발생할 수 있다. 나름의 상황에 맞는 리스크를 더 고려하여 대비하다 보면 새로운 아이디어도 발굴할 수 있을 것이다.

....

데이터 불균형(data imbalance)
어떤 특정한 클래스나 카테고리의 데이터가 다른 클래스에 비해 지나치게 많거나 적은 상황이다. 예를 들어 사진 데이터셋에서 고양이 사진은 수천 장인데 개 사진은 몇 장만 있는 식이다. 그러면 AI 모델은 고양이 사진은 잘 인식하는데 개를 잘못 인식할 가능성이 높아진다.

노이즈(noise)
데이터에서 본래의 의미나 패턴을 왜곡하는 불필요한 정보나 오류를 뜻한다. 예를 들어 사진에 찍힌 먼지나 물체의 일부분이 잘못 촬영된 부분이 노이즈에 해당한다. 이러한 노이즈는 AI가 데이터를 정확히 이해하지 못하게 하여 성능을 저하시키는 원인이 될 수 있다.

결측값(missing data)
데이터셋에서 값이 누락된 부분이다. 설문 조사에서 일부 질문에 대한 응답이 빠진 경우다. 결측값이 있으면 AI 모델이 완전한 정보를 얻지 못해 잘못된 결론을 내릴 수 있다.

데이터 편향(data bias)
AI가 학습하는 데이터 자체에 불균형이나 왜곡이 존재하는 상태를 의미한다. 예를 들어 주로 특정 지역 사람들의 데이터만 포함된 상태에서 AI를 훈련하면 다른 지역 사람들에 대해 제대로 작동하지 않을 가능성이 크다. 모델의 공정성과 성능에 직접적인 영향을 미칠 수 있다.

모델 편향(model bias)
AI 모델이 특정 그룹이나 상황에 대해 부정확하거나 불공평한 결정을 내리는 현상이다. 예를 들어 얼굴 인식 AI가 특정 인종에 대해 인식률이 낮은 경우가 이에 해당한다. 이는 모델이 학습한 데이터나 알고리즘 설계 과정에서 발생할 수 있다.

데이터 거버넌스(data governance)
데이터를 효과적으로 관리하고 활용하기 위한 조직의 정책과 절차를 뜻한다. 이를 통해 데이터의 정확성과 일관성을 유지하고, 보안을 강화하며, 규제 요구 사항을 준수하는 데 중요한 역할을 한다.

전송 계층 보안(Transport Layer Security, TLS)
인터넷을 통해 전송되는 데이터를 암호화하여 안전하게 보호하는 기술을 말한다. 이 기술을 사용하면 은행 웹사이트에 접속할 때 거래 정보가 해커에게 노출되지 않도록 할 수 있다.

Differential Privacy

개인 데이터가 포함된 통계 자료나 AI 모델을 공개할 때 개인이 특정될 가능성을 최소화하는 기술을 말한다. 이 방법을 통해 개인의 정보는 보호하면서도 유용한 통계 분석을 할 수 있다.

Federated Learning

데이터를 중앙 서버에 모으지 않고 각 사용자 기기에서 AI 모델을 학습시키는 방법을 말한다. 이렇게 하면 개인 정보를 보호하면서도 높은 품질의 AI 모델을 개발할 수 있다. 스마트폰에서 사용하면 개인의 데이터를 외부에 전송하지 않고도 AI를 발전시킬 수 있다.

. . . .

생태계 변화

AI 트랜스포메이션은 개별 기업의 경쟁력 강화를 넘어서 전체 산업 생태계의 변화를 촉진하고 있다. 이에 따라 기업 간 협력은 선택이 아닌 필수가 되었다. AI 기술의 도입과 확산으로 인해 기업은 더 이상 고립된 환경에서 독자적인 성공을 기대하기 어렵다. 오히려 협력 관계를 구축하고 유지함으로써 상호 시너지를 창출하고, 모두가 윈윈할 수 있는 기회를 극대화하는 것이 중요해졌다.

AI 트랜스포메이션은 데이터, 기술, 전문지식 등 여러 자원을 결합하여 새로운 가치를 창출해야 한다. 그러나 이러한 자원은 한 기업이 독점적으로 소유하고 활용하기에는 한계가 있다. 따라서 다른 기업과 협력하여 자원 공유 및 상호 보완할 필요가 있다. 한 기업이 풍부한 데이터를 보유하고 있고 다른 기업이 뛰어난 AI 기술을 보유하고 있다면, 이 둘의 협력은 혁신적인 솔루션을 만들어낼 것이다.

또한 전문성의 융합을 꾀할 수 있다. 제조업 분야에서는 AI를 활용해 스마트팩토리로 전환을 시도하는 기업이 많다. 그러나 제조업체가 AI 알고리즘 개발부터 데이터 관리, 인프라 구축까지 자체적으로 처리하기에는 한계가 있다. 이때 AI 알고리즘을 개발하는 기술 기업, 데이터를 효율적으로 처리할 수 있는 클라우드 서비스 제공업체, AI 시스템의 적용을 지원하는 컨설팅 회사 등과 협력할 수 있다. 그러면 기업들은 각자의 핵심 역량에 집중하면서 시너지를 창출할 것이다.

전략적 파트너십은 협력을 넘어 시너지를 창출하는 강력한 방법이다. 이는 지분 교환으로 장기적 비전을 공유하며 비즈니스 모델을 통합하여 혁신을 가속화하는 데 초점이 맞춰져 있다. 기업 간 협력을 통해 새로운 기술이나 제품을 공동으로 개발하면 각자의 기술적 강점을 결합하여 AI 기술 발전을 선도하거나, 후발주자가 빠르게 선두를 따라잡을 수 있다. 예를 들어 IT 기업과 제조업체가 협력하여 AI 기반 스마트팩토리를 구축하는 경우, IT 기업은 현장 도메인 지식을 얻음과 동시에 현장 접목 경험을 쌓을 수 있고 제조업체는 최신 AI 기술을 도입하며 그 과정에서 기술 지식을 수월하게 쌓을 수 있다.

또한 전략적 파트너십은 새로운 시장 진출이나 기존 시장 확장에도 효과적이다. 각 기업의 시장 영향력과 네트워크를 활용하여 새로운 기회를 발굴하고 시장 점유율을 높일 수 있다. 예를 들어 대기업이 AI 기술을 보유한 스타트업에 투자하면 대기업은 기술적 가치를 확보하고, 스타트업은 시장 진출 기회를 얻어 상호 이익을 도모할 수 있다.

이런 관계를 지속 가능하게 유지하고 발전시키려면 신뢰와 투명성을 구축해야 한다. 파트너 간에 신뢰가 형성되어야 협력의 효과가 극대화되며, 투명한 정보 공유가 이루어질 때 상호 이해와 협력이 원활해진다. 그러려면 정기적인 소통과 명확한 목표 설정, 명확한 역할 분담과 책임 설정이 필요하다.

전략적 파트너십의 지속 가능성을 높이기 위해서는 명확하고 현실적인 공동 목표를 설정하고 이를 달성하기 위한 체계적인 성과 관리가 필요하다. 공동 목표는 각 파트너의 비전과 전략을 반영하며, 구체적이고 측정 가능하되 달성 가능한 동시에 전략적 파트너십에 연관된 모든 회사가 관련되어야 한다. 이를 위해 각 파트너의 장기적 비전과 우선순위를 논의하여 공통된 목표를 도출한다. 그 후 목표 달성에 필요한 각 파트너의 역할과 책임을 명확히 규정하고 목표에 대한 상호 기대치를 조율하고 목표가 각 파트너의 전략적 우선순위와 일치하는지 확인한다.

도출된 목표가 실행하기로 결정되면 성과 측정 방법이 있어야 한다. 이는 목표 달성 여부뿐만 아니라 파트너십의 질을 평가하는 것이다. 각 목표에 대한 구체적인 성과 지표를 정의하고 이를 정기적으로 평가하여 필요한 경우 전략을 조정하거나 전략적 파트너십의 대상을 재검토할 수도 있다. 명확한 공동 목표 설정과 체계적인 성과 관리는 전략적 파트너십의 성공을 위한 필수 요소이기 때문이다. 이를 통해 파트너십의 방향성을 유지하고 협력 관계를 개선할 수 있다.

전통적인 비즈니스에서도 기업 간의 협력은 시너지를 내는 좋은 방법이었다. AI 기술이 각광받으며 기업 간의 협력과 생태계 변화가 가속화되면서, AI 트랜스포메이션을 위해 단순한 기술 도입을 넘어서 다양한 기업 간의 협력을 통해 새로운 가치를 창출하고 시너지를 극대화하는 것이 핵심 성공 요인으로 부상하고 있는 것이다.

스마트팩토리(smart factory)

제조 공정을 자동화하고 데이터와 IT 기술을 활용하여 효율성을 극대화한 공장을 의미한다. 여기서는 센서, IoT(사물 인터넷), AI(인공지능) 등의 기술이 사용되어 기계와 장비가 소통하며 실시간으로 데이터를 수집하고 분석하여 생산 과정을 최적화한다. 전통적인 공장에서 사람이 직접 기계를 조작하고 제품의 품질을 검사했다면, 스마트팩토리에서는 기계가 스스로 최적의 생산 조건을 찾아내고 이상이 생기면 자동으로 조정하거나 경고를 보낸다. 이는 생산 속도를 높이고 불량률을 줄이며 비용 절감에도 큰 도움을 준다.

STEP 전략의 주요 고려 사항

전략을 성공적으로 구현하기 위해서는 신중한 계획과 준비가 필요하다. STEP 전략의 주요 고려 사항을 살펴보면서 STEP 전략을 더 깊게 이해하고 변화하는 환경에서 경쟁 우위를 확보할 수 있는 인사이트를 얻길 바란다.

STEP 전략의 핵심

이 책에서 제안하는 STEP 전략은 네 가지 단계로 구성된다. 첫 번째 단계는 전략 수립 단계이며, 두 번째 단계는 AI 모델의 학습과 적용 과정을 포함한 성능과 비즈니스 수용성 테스트 단계다. 세 번째 단계는 전문적 지식의 향상을 목표로 하는 단계이고, 마지막은 지속 가능한 혁신을 가능하게 하는 거버넌스 단계다. STEP 전략은 각 단계를 순서대로 진행하여, 반복적인 사이클을 통해 점진적으로 발전하는 나선형 통합 접근 방식을 따른다.

각 단계를 거치면서 조직과 시스템은 지속적으로 개선된다. 모든 변화를 한꺼번에 도입하기보다는 점진적으로 발전을 도모하기 때문에 리스크 관리가 용이하다. 또한, 각 사이클에서 얻은 피드백을 다음 사이클에 반영해 전략을 개선한다. 이를 통해 시장 환경, 기술 트렌드, 조직 내부의 변화 등 끊임없이 변하는 외부 요인에 유연하게 대응하며 지속적인 발전과 적응을 가능하게 한다.

STEP 전략의 사이클을 반복적으로 실행하면 조직은 예측할 수 없는 변화에도 빠르게 대응할 수 있는 능력을 갖춘다. 각 사이클을 거치면서 전략은 점점 정교해지고, 외부 변화에 대한 반응 속도는 빨라지면서 조직은 더욱 유연해진다. 또한, 기업은 사이클에서 얻은 경험과 데이터를 바탕으로 지식과 기술 자산을 축적하여 경쟁 우위를 유지하는 데 기여한다.

반복되는 과정을 거치며 초기에는 보이지 않았던 새로운 기회나 문제를 발견하고 해결함으로써 혁신의 속도와 질이 꾸준히 향상된다. 특히 주목할 점은 반복적인 사이클이 조직의 문화로 정착된다는 것이다. 이를 통해 구성원들은 지속적인 학습과 개선, 혁신을 자연스럽게 받아들이게 되며, 이는 조직 전체의 성과와 역량을 꾸준히 향상시키는 핵심 원동력이 된다.

여기서 제안하는 AI 트랜스포메이션을 위한 STEP 전략은 지속적인 발전과 유연한 적응을 가능하게 하며, 조직이 경쟁력과 효율성을 점진적으로 극대화할 수 있도록 설계된 전략적 접근 방식이다. 이 전략은 단 한 번의 성공에 그치지 않고, 그 성공을 발판 삼아 끊임없이 발전해 더 큰 성과를 창출하도록 돕는다. 나선형 구조의 반복을 통해 조직은 진정한 혁신과 성장을 이룬다.

STEP 전략의 각 사이클이 끝날 때마다 초기 단계로 돌아가 개선점이나 수정할 부분이 없는지 점검하고 반영하는 과정이 필수적이다. 이러한 점진적인 발전을 지속적으로 실행해야 한다는 점을 반드시 기억하자. 각 조직의 상황과 해결해야 할 문제에 맞게 전략을 수정하고 보완하는 것이 중요하다.

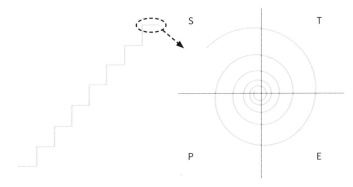

그림 5-7 STEP 전략의 핵심. 여러 사이클을 계단식으로 수행하면서 전략의 범위도 점점 커지고, 적용이나 효과도 점차 커진다. STEP의 단계를 반복적으로 수행하며 조직의 문화로 자리 잡으면서 전반적인 성과와 능력을 끌어올린다.

끊임없는 개선과 순차적인 발전을 통해 STEP 전략을 성공적으로 접목하여 혁신을 이루길 바란다.

STEP 전략 성공에 소모되는 시간

전략을 수립하고 실행하여 원하는 성과를 달성하는 과정은 계획 수립 이상의 복잡성과 시간이 필요하다. 전략적 목표를 설정하는 데는 비교적 시간이 덜 걸리지만, 이를 구현하고 결과를 도출하는 데는 오랜 시간이 걸린다.

미국 기업의 경우 AI를 도입한 기업과 그렇지 않은 기업 간 매출의 차이를 분석한 연구(그림 5-8, 5-9 참고)에 의하면, 도입한 기업이 그렇지 않은 기업보다 30% 더 높은 매출액 성장률을 보였다.

한국의 경우도 마찬가지다. 한국의 경우 미국과 같이 두드러지는 차이는 없지만 도입 수준에 따라 새로운 제품과 서비스 개발에 도움이 되었다고

---

* 김태균, '기업 성과를 높이는 인공지능', 월간 《SW 중심사회》, 소프트웨어정책연구소, 2022년 5월호. https://spri.kr/posts/view/23449

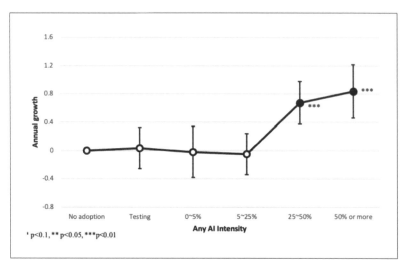

그림 5-8　미국의 AI 기술 도입과 매출액의 성장을 조사한 자료. 순서대로 미적용, 적용 전 테스트 단계, 0~5% 적용, 5~25% 적용, 25~50% 적용, 50% 이상 적용한 자료로, 25% 이상 적용할 때부터 매출액 성장률이 폭발적으로 증가하는 것을 볼 수 있다.

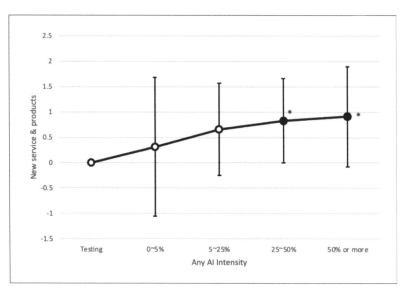

그림 5-9　한국의 AI 기술 도입과 새로운 제품 및 서비스 개발에 도움이 되는지 조사한 자료. 순서대로 미적용, 0~5% 적용, 5~25% 적용, 25~50% 적용, 50% 이상 적용한 자료로, 25% 이상 적용할 때부터 유의미한 수준으로 커지는 것을 볼 수 있다.

하는 설문 조사 결과가 있었다.

이처럼 AI 도입이 일정 수준 이상이어야 효과가 나타난다는 점은 현대 기업이 AI 트랜스포메이션을 성공적으로 구현하기 위해 반드시 고려해야 할 중요한 요소다. 단순히 AI 기술을 도입하는 것만으로는 기대하는 만큼 생산성이 향상되기 어렵다. 실제로 AI 기술의 효과는 초기 도입 단계에서는 미미하게 나타날 수 있으며, 지속적인 투자와 경험의 축적이 이뤄져야만 실질적인 성과로 이어진다. 연구에서는 이러한 현상을 '생산성 역설Productivity Paradox'로 설명하고 있다. 이는 전략적 AI 도입 과정에서 반드시 이해하고 극복해야 할 주요 고려 사항 중 하나다.

생산성 역설이란, 기술 투자가 생산성 향상으로 직결되지 않는 현상을 의미한다. 특히 AI 기술 같은 혁신적인 기술은 단기적으로는 명확하게 드러나지 않을 수 있다. 이는 AI 기술을 효과적으로 활용하기 위한 모든 준비가 완료되고 조직 전반에 걸쳐 AI가 일상적으로 활용될 때, 생산성이 향상되기 때문이다. 한국은행 거시경제연구실에서 발행한 《이슈 노트》 제2021-20호 '디지털 혁신과 우리나라의 생산성 역설'에서도 "우리나라 경제는 높은 디지털 잠재력에도 불구하고 생산성 둔화가 지속되는 생산성 역설 현상을 경험하고 있다"라고 언급했다. 이는 한국이 디지털 기술 도입에 많이 투자하는 데도 기대만큼 빠르게 생산성이 향상되지 않는다는 사실을 시사한다. 이러한 역설적인 상황은 AI 트랜스포메이션을 추진하는 기업에 중요한 교훈을 제공한다. 즉, 생산성 역설을 극복하고 AI의 효과를 극대화하기 위해서는 전략적 접근이 필수적이다. 그렇기에 STEP 전략은 단계별로 체계적이고 효과적으로 AI를 도입하고 확장하여 이런 문제점을 극복한다. 단기적이고 현실화할 수 있는 작은 규모의 전략을 수립하여 초기 효과를 빠르게 확인하면서 조직은 AI 도입에 대한 긍정적인 피드백을 얻고 내부의 신뢰를 구축할 수 있다. 초기 단계에서는 가시적으로 성과가 드러나는 프로젝트에 집중함으로써 구성원의 동기 부여를 높이고, AI 도입에 대한 저항을 최소화할 수 있다.

그 과정에서 조직 내 AI 활용 역량을 강화하기 위해 지속적인 교육과 훈련 프로그램을 운영하며, 임직원의 AI 이해와 활용 능력을 향상시킨다. 이 단계를 소홀히 하지 않아야 한다. 장기적으로는 조직 전체가 AI를 효과적으로 활용할 수 있는 기반을 마련해야 하기 때문이다. 이를 위해 정기적인 교육 세션, 워크숍, 실습 기회를 제공하고, AI 전문가를 초빙하여 내부 역량을 지속적으로 강화한다.

한 사이클을 끝내고 다음 사이클을 시작할 때는 작은 규모의 성공을 바탕으로 AI 도입을 점진적으로 확장한다. 초기 성공 사례를 분석하고, 이를 바탕으로 더 큰 규모의 프로젝트로 확장하는 가이드라인을 도출한다. AI 기술의 적용 범위를 넓히고 다양한 부서와 업무 프로세스에 AI를 통합함으로써 전사적인 AI 활용을 촉진한다. 사이클을 반복하다 보면 조직은 점차 AI로 트랜스포메이션할 수 있다.

또한 AI 도입의 성과를 지속적으로 모니터링하고, 필요한 경우 전략을 수정 및 보완한다. 이는 AI 트랜스포메이션의 성공을 보장하기 위해 필수적인 단계다. 조직은 정기적으로 AI 도입의 성과를 평가하고, 이를 기반으로 전략을 재조정함으로써 변화하는 환경에 유연하게 대응한다.

생산성 역설이라는 현상은 이러한 과정에서 나타나는 자연스러운 결과로, AI의 효과를 실현하기 위해서는 시간이 필요하다.

인간을 보조하는 AI

AI는 단순한 도구를 넘어 인간의 사고와 의사결정을 보조하고 때로는 인간이 단독으로 수행하기 어려운 복잡한 문제를 해결하며 궁극적으로는 완전한 자율성을 갖춘 지능을 구현하는 방향으로 진화하고 있다. AI가 어떻게 인간의 지능을 지원하고 보완하며 대체하는지 살펴볼 것이다. 이를 통해 AI가 인간의 지능적 활동에 어떻게 기여하고 더 나아가 미래의 지능적 도전 과제를 해결할 수 있을지 알아본다.

지능 보조

AI는 인간의 인지적 한계를 확장하고 보완하는 역할을 할 수 있다. AI를 활용하여 복잡한 문제를 효과적으로 해결할 수 있으며 전통적인 방식으로는 불가능했던 새로운 가능성을 탐구할 수 있다. AI와 첨단 기술의 융합을 통해 인간의 지능적 활동은 혁신적으로 변화할 것이며, 이는 미래에 일상과 전문적 활동 전반에 깊은 영향을 미칠 것이다. AI는 인간의 신경 시스템과 직접 상호작용하거나 고도로 정교한 기술을 통해 지능을 보조함으로써 효율적이고 정확하게 의사결정을 할 수 있도록 도울 것이다.

예를 들어 뇌-컴퓨터 인터페이스는 AI와 인간의 뇌를 직접 연결하여 지능적 활동을 지원하는 기술이다. 뇌의 전기 신호를 감지해서 컴퓨터와 연결함으로써 인간의 인지 능력을 확장 및 향상할 수 있다. 특히 신경질환 환자나 장애인을 위한 보조 기기로 주목받으면서 건강한 개인의 인지 능력을 증강시키는 데도 활용될 잠재력이 있다.[*]

---

[*] https://news.samsungdisplay.com/16979

이 기술에서 AI는 뇌 신호를 실시간으로 해석하고 분석하여 컴퓨터 시스템에 전달한다. 그러면 더욱 직관적이고 빠르게 복잡한 작업을 수행할 수 있을 것이다. 예를 들어 뉴로프로스테틱neuroprosthetic 기술은 손상된 뇌 기능을 보완하거나 대체하는 것으로, 기억력 향상, 학습 능력 증대, 새로운 기술 습득까지 가능하게 할 것으로 기대된다. AI는 이 과정에서 방대한 신경 데이터를 실시간으로 처리하고 뇌와 상호작용을 통해 새로운 형태의 인지적 경험을 창출한다. 이는 인간의 자연적 한계를 극복하고 높은 수준의 지능적 활동을 가능하게 하는 혁신적인 기술이다.

이런 기술로 과학자나 엔지니어가 복잡한 문제를 신속하게 이해하고 해결하도록 지원할 것이다. AI는 인간의 자연적 인지 능력을 뛰어넘는 새로운 수준의 사고력을 제공할 것으로 보인다. 예를 들어 사람이라면 기존에 출간된 모든 논문을 읽고 해석하는 데 수십 년이 넘게 걸리겠지만, AI 칩셋을 활용하면 하루 만에 분석할 수 있다.

뇌와 직접적으로 결합하지 않더라도 AR과 VR 기술은 AI와 결합하여 인간의 인지적 경험을 확장하고 복잡한 작업을 효율적으로 수행하도록 도울 것이다. AI는 이 기술에서 실시간 데이터 분석과 정보 제공을 담당하며 사용자가 환경과 상호작용하는 방식을 혁신적으로 변화시킨다. AI는 인간이 실시간으로 복잡한 정보를 처리하고 의사결정을 내릴 수 있도록 돕는다. 예를 들어 의료 분야에서 AI가 결합된 AR 시스템을 활용하면 수술 중에 환자의 상태와 수술 절차를 시각적으로 제시함으로써 정교하고 안전한 수술이 가능해진다. 이 기술은 의사의 판단력을 보조하여 의료 사고를 줄이고

※ https://www.ytn.co.kr/_ln/0104_202311081450018685

수술의 성공률을 높이는 데 기여할 것이다. VR은 복잡한 훈련 시나리오에서 사용될 수 있는데, AI는 시뮬레이션 내의 다양한 변수를 제어하고 사용자가 복잡한 상황을 실제에 가깝게 경험하게 해준다. 파일럿이나 응급 구조대원 등 고위험 직종을 훈련할 때 특히 중요하게 활용될 것이며, AI의 인지 보조 기능은 인간이 더 나은 결정을 내릴 수 있도록 돕는다.

뉴로프로스테틱(neuroprosthetic)
신경 시스템에 직접 연결되어 특정 기능을 수행하도록 설계된 인공 장치나 시스템이다. 주로 손상된 신경을 대체하거나 강화하는 데 사용된다. 예를 들어 팔이나 다리를 움직이기 어렵거나 불가능한 사람들을 위해 개발된 인공 팔다리가 있다. 이 장치는 뇌 신호를 받아 동작을 수행할 수 있도록 돕는다. 뉴로프로스테틱 기술은 AI와 결합하여 더욱 정교하고 자연스러운 움직임을 가능하게 한다.

자율 판단

인간의 개입 없이도 독립적으로 판단하고 결정을 내리는 AI 시대가 도래하고 있다. 자율 지능은 AI의 능력을 최대한으로 활용한 형태로, 인간을 보조하는 수준을 넘어 인간의 역할을 완전히 대체하려는 것이다. 이미 다양한 분야에서 활용되기 시작했으며, 머지않은 미래에 우리의 삶과 산업 전반에 걸쳐 근본적인 변화를 가져올 것으로 보인다.

이 기술은 방대한 데이터를 실시간으로 분석하고 다양한 변수를 고려하여 최적의 결정을 내릴 수 있는 능력을 갖춘다. 예를 들어 자율주행 차량은 도로 상황을 실시간으로 모니터링하고 최적의 경로를 선택하여 목적지까지 안전하게 이동하게 해준다. 모든 상황은 아니지만 일부 상황에서는 인간 운전자의 개입이 필요하지 않다.

대표적인 기술적인 예로 대규모 행동 모델large action model, LAM을 들 수 있다. LAM은 AI가 단순한 작업 지시를 수행하는 것을 넘어서 사용자의 의도를 이해하고 복잡한 작업을 독립적으로 처리할 수 있는 고도로 정교한 시스템이다. 기존의 대규모 언어 모델large language model, LLM이 텍스트 기반 상호작용에 중점을 두었다면, LAM은 실제 행동을 통해 다양한 문제를 해결할 수 있는 능력을 지닌다. 예를 들어 여행 계획을 자동으로 세우고 항공편을 예약하며 호텔을 예약하는 등 복잡한 작업을 수행할 수 있다. Rabbit AI의 R1 시스템은 LAM 기술의 가능성을 실현한 대표적인 사례로, 다양한 애플리케이션을 통합 관리하며 사용자 개입 없이도 여러 작업을 수행한다.* 세계 최대 IT 박람회인 CES 2024에서 Rabbit AI는 R1에 LAM 기반으로 작동하는 자체 운영체제 '래빗OS'를 탑재해 선보였다.† R1은 음악을 재생하고, 식료품을 구매하며, 문자 메시지를 보내는 등의 작업을 수행하며 그 가능성을 입증했다.

이는 우리가 일반적으로 여러 단계를 거쳐야 하는 행동을 LAM이 직접 수행하도록 도와줄 수 있음을 의미한다. 예를 들어 배달 앱에서 음식을 주문하려면 앱 설치, 카드 등록, 위치 입력, 주문 등 복잡한 과정을 거쳐야 하지만, LAM을 통해 음성 지시만으로 모든 과정을 처리할 수 있다. 더 나아가, 미래에는 사용자의 지시 없이도 필요한 배달 주문을 스스로 처리할 수도 있을지 모른다.

---

*   https://www.cybersapient.io/2024/05/07/lam-ai-revolution/

†   https://techcrunch.com/2024/01/09/can-a-striking-design-set-rabbits-r1-pocket-ai-apart-from-a-gaggle-of-virtual-assistants/

그림 6-1 CES2024에서 공개한 LAM을 탑재한 Rabbit AI의 R1 모습. LAM이 직접 행동을 수행하며 도와주는 것을 시연했다.

자율적으로 판단할 수 있는 AI가 발전함에 따라 인간의 역할은 점점 더 축소될 것이다. LAM과 같은 기술은 인간이 수행해온 많은 작업을 대체할 수 있으며, 특히 산업 현장에 빠르게 도입될 것으로 예상된다. 자율적으로 판단할 수 있는 AI가 산업 전반에 걸쳐 확산되면서 많은 직업이 AI에 의해 대체될 위험에 처해 있다.

이러한 변화는 사회적, 윤리적 도전도 동반한다. AI가 자율적으로 판단하고 행동하면서 인간의 역할에 대한 근본적인 질문을 제기하고 있는 것이다. 인간의 일자리가 줄어들고 그에 따른 사회적 불안이 증가할 수 있는 가능성도 있다. 자율적으로 판단할 수 있는 AI가 모든 결정을 내렸는데 부정적인 결과가 나왔다면 그 결정의 책임은 누구에게 있는지에 대한 논의도 필요하다.

자율적으로 판단할 수 있는 AI는 사회 전반에 걸쳐 깊은 영향을 미칠 것이다. 사회 구조를 재편성할 수 있으며, 이는 미래의 직업 구조, 경제 시스템, 사회적 계약에 대한 재고를 필요로 한다. 물론 자율적으로 판단할 수 있는 AI는 새로운 기회를 창출할 수도 있다. 인간이 반복적이고 시간 소모적인 작업에서 해방됨으로써 더 창의적이고 전략적인 활동에 집중할 수 있는 기회를 제공할 것이다.

LAM과 같은 기술은 이미 우리 곁에 있으며, 머지않은 미래에 자율적으로 판단할 수 있는 AI가 인간의 역할을 대체할 실질적인 능력을 갖출 것이다. 그러므로 인간과 AI 간의 관계를 재정립하고 새로운 사회적 규범을 수립할 필요가 있다.

. . . .

대규모 행동 모델(large action model, LAM)
인간의 복잡한 행동을 모방하거나 예측하기 위해 설계된 AI 모델을 말한다. 대량의 데이터와 고도화된 알고리즘을 사용하여 특정 상황에서 어떤 행동을 취할지 예측하거나 실제로 행동을 실행할 수 있다. 자율주행 자동차에서 LAM이 사용되면 도로 위에서 자동차가 다른 차량의 움직임, 신호등, 보행자 등의 요소를 감지하고 이에 따라 적절하게 대응하도록 학습한다. 단순히 주어진 명령에 따라 움직이는 것이 아니라 다양한 변수를 고려해 스스로 결정을 내릴 수 있으며, 인간의 의사결정 과정을 모방해 더 나은 자동화 시스템을 구축하는 데 활용될 수 있다. 최근 LAM을 통해 인간처럼 사고하고 행동하는 AI 시스템을 개발하려는 시도가 늘고 있다.

CES 2024
국제 전자제품 박람회로 2024년에 개최된 전 세계에서 규모가 큰 기술 전시회 중 하나다. 최신 기술과 제품을 선보이는 자리로 세계 각국의 IT 및 가전제품 기업이 참가하여 자사의 신기술과 제품을 발표하고 시연한다. 기술 트렌드를 한눈에 파악할 수 있는 중요한 행사로, 여기서 소개되는 기술은 앞으로 몇 년간 시장을 주도할 가능성이 높기 때문에 기술 전문가뿐만 아니라 일반 대중에게도 큰 관심을 받고 있다.

. . . .

CHAPTER

7

AI 너머로 가는 길

AI 기술의 눈부신 발전은 많은 분야에서 인간의 역할을 대체하고 있다. 그러나 모든 분야가 AI로 대체될 수 있는 것은 아니다. AI가 넘어서는 데 오랜 시간이 걸릴 것으로 생각되는 인간만의 고유한 영역이 존재하며, 이는 AI 너머로 가는 길을 탐색하는 데 중요한 단서가 된다. 이번에는 AI가 아직 대체하지 못하거나 대체하기 어려운 분야를 살펴보고. 나아가 AI가 사라진 세상에서 인간의 역할과 가능성을 재조명해보겠다.

AI가 대체하기 어려운 분야

AI는 여러 산업에서 놀라운 혁신을 가져왔지만, 인간 간의 네트워크 형성처럼 협력의 핵심 요소는 AI가 쉽게 대체할 수 없는 영역이다. 인간이 가진 사회적 상호작용의 복잡성과 그 안에 내재된 정서적, 문화적, 경험적 요소는 AI가 모방하기 어렵다. 이는 특히 협력 관계에서 더욱 두드러진다.

예를 들어 파티에서 두 사람이 대화를 시작한다고 생각해보자. 이 대화는 단순히 정보를 주고받는 것으로 끝나지 않는다. 가벼운 인사말로 시작한 대화는 곧 그들의 출신 학교, 공통의 지인, 또는 비슷한 경험으로 이어지며 자연스러운 관계 형성으로 발전한다. 이러한 과정은 신뢰와 친밀감을 쌓는 중요한 역할을 한다.

같은 파티에서 AI가 인간에게 다가와 대화를 시도한다고 상상해보자. AI는 방대한 데이터를 바탕으로 상대방의 이름, 직업, 출신 학교 등을 파악할 수 있다. 그러나 "안녕하세요. 당신은 스탠퍼드대학 출신이고 구글에서 일한다고 알고 있습니다"라는 말을 건네는 데 그칠 뿐이다. AI는 학교를 졸

업하지도 않았고, 어떤 회사에 종속되어 근무한다고는 할 수 있지만 임직원과 정서적인 교류는 불가능할 것이기 때문이다.

인간의 상호작용에서 중요한 부분은 단순히 정보를 전달하는 것이 아니라, 그것이 어떻게 공유되고 어떤 맥락에서 이해되는지다. 파티에서 와인을 들고 출신 학교나 공통의 지인을 언급하며 나누는 대화는 단순한 사실 전달 이상의 의미를 지닌다. 이런 언급은 공통의 경험을 기반으로 "우리에게는 공통된 배경이 있어요"라는 메시지를 전달하며, 상호 신뢰를 형성하고 대화를 더 깊은 이해와 친밀감으로 발전시키는 중요한 역할을 한다.

반면, AI는 정보를 제공할 때 맥락과 감정적 이해가 결여된 채 전달한다. AI가 맥락과 감정적 이해를 이해하는 것과 같이 반응하게 만들 수는 있지만, 인간과 같은 방식으로 이해하는 것은 아니다. 그리고 인간은 비언어적인 신호를 해석하고 상대방의 의도를 파악하며 그에 따라 자신의 반응을 조정한다. 이런 상호작용은 인간 간의 신뢰와 친밀감을 형성하는 데 필수적이며, AI가 모방하기는 매우 어렵다. 사회적 상호작용은 단순한 정보 교환이 아니라 복잡한 감정적, 사회적, 문화적 요소가 얽혀 있는 과정이다. 이는 데이터를 통해 학습하거나 패턴을 인식하는 것만으로는 달성할 수 없는 영역이다.

또한 책임을 진다는 것도 인간만이 할 수 있는 고유한 영역이다. 책임이라는 개념은 의무 수행을 넘어 도덕적 판단, 사회적 합의, 감정적 이해를 포함한다. 행동이나 결정에 따른 결과를 받아들이고 그에 대한 후속 조치를 취하는 것을 의미한다. 예를 들어 기업의 경영자는 중요한 의사결정을 내릴 때 그 결정이 미치는 영향에 대해 윤리적, 법적, 사회적 책임을 진다.

이는 인간의 도덕적 직관과 사회적 합의에 기초하여 이루어진다. 도덕적 판단은 자신의 행동이 옳은지 그른지를 판단하는 과정을 포함한다. 이는 개인의 가치관, 사회적 규범, 경험에 따라 판단을 내리고 책임을 진다. 사회적 합의는 공동체가 특정 행동이나 결정에 대해 인정하는 윤리적 기준으로, 인간은 이 기준을 바탕으로 자신의 행동을 조정하고 그에 대한 책임을 진다.

그러나 AI는 도덕적 판단과 사회적 맥락을 이해하고 적용하는 능력이 결여되어 있다. 알고리즘과 데이터에 기반한 시스템이기 때문에 윤리적 판단이나 도덕적 직관을 이해하거나 실행할 수 없다. 특정 상황에서 최적의 결과가 무엇인지는 계산할 수 있지만 그 결과가 사회적, 도덕적으로 어떤 의미를 가지는지 이해하거나 이를 바탕으로 책임을 지는 것은 어렵다. 예를 들어 과거의 판례를 바탕으로 어떤 형벌을 내리는 게 가장 적합한지는 결정할 수 있지만, 이 결정이 피고와 원고에게 어떠한 효과를 미칠지, 어떤 의미를 가지는지 깊게 고려해서 결정을 내리는 것은 아니다. 그러므로 AI가 아무리 발전하더라도 인간이 지닌 고유한 책임의 영역을 대체할 수 없다.

AI가 인간처럼 책임을 지려면 자율성과 의식, 도덕적 판단 능력을 가진 존재인지에 대한 논의가 선행되어야 한다. 그러나 현재의 기술 수준에서 AI는 이러한 기준을 충족하지 못하며 책임을 질 수 있다고 보기 어렵다. 이는 AI가 단순히 데이터를 처리하고 명령을 수행하는 도구로서의 역할을 벗어나지 못하는 이유이기도 하다.

AI가 사라진 세상

AI가 일상에 너무나 깊숙이 스며들어 그 존재를 인식하지 못할 정도로 당연하게 받아들일 시점이 다가오고 있다. AI가 우리의 삶에 완전히 융합되어 기술로서의 독립적인 존재감을 잃을 것이라는 뜻이다. AI는 스마트폰, 가전제품, 자동차, 의료 서비스, 금융 시스템 등 거의 모든 영역에서 필수적인 요소로 자리 잡았다. 이는 전기나 인터넷처럼 기술이 일상 생활에 완전히 융합된 상태가 된다는 뜻이다.

이러한 발달은 개인과 사회에 엄청난 변화를 가져온다. 자동화된 시스템이 대다수의 업무를 처리하고 인간의 개입 없이도 대부분의 결정을 내리는 세상에서 인간은 더 이상 전통적인 방식으로 노동에 종사할 필요가 없을 것이다. 그러면 새로운 형태의 경제적, 사회적 시스템이 필요하다.

이처럼 AI의 발전으로 인해 일자리의 상당 부분이 자동화될 가능성이 높아지면서 기본소득에 대한 논의가 대두되었다. 기존의 경제 시스템은 노동을 통해 수익을 얻는 구조였는데, AI가 많은 일자리를 대체하면 이러한 구조는 더 이상 유효하지 않다. 따라서 모든 시민에게 기본적인 생활을 유지할 수 있는 소득을 보장하는 기본소득 제도는 필연적인 대안으로 떠오를 것이다.

여기서 블록체인과 같은 분산형 기술이 중요한 역할을 할 수 있다. 블록체인은 투명하고 신뢰할 수 있는 방식으로 기본소득을 분배하는 데 이상적인 기술이다. 예를 들어 특정 프로젝트에 참여한 사람들이나 공공 데이터에 기여한 사람에게 블록체인 기반의 토큰이나 코인을 통해 보상을 지급하는 시스템을 도입할 수 있다. 이러한 시스템은 투명성과 효율성을 극대화하면서도 기존의 금융 시스템보다 더 낮은 비용으로 운영된다.

AI와 블록체인의 융합은 새로운 형태의 경제적 참여를 가능하게 한다. 예를 들어 프로젝트의 참여자들은 AI가 관리하는 플랫폼에서 자신의 기여도를 평가받고 그에 따라 블록체인 기반의 코인을 보상으로 받을 수 있다. 이러한 시스템은 기존의 중앙집중적 경제 모델을 탈피하여 참여자들이 스스로 가치를 창출하고 그 대가를 직접 받아 새로운 경제 생태계를 조성할 수 있다.

전통적인 형태의 고용이 줄어들고 다양한 형태의 프로젝트와 작업이 새로운 경제적 가치를 창출하는 방식으로 전환될 것이다. 사람들은 생계를 유지하기 위한 노동에서 벗어나 창의성과 능력을 발휘할 수 있는 다양한 프로젝트에 참여할 것이다.

노동의 개념이 변화하고 인간의 역할이 재정의되면서 사회는 새로운 형태의 문제에 직면할 것이다. 예를 들어 기본소득이 도입된다면 사람들은 더 이상 생계를 위해 일할 필요가 없겠지만, 개인의 목적의식이나 자아실현과 관련하여 크나큰 인식의 전환이 필요할 것이다. 또한 블록체인 기반의 기본소득 시스템은 기술적, 법적 문제를 동반할 수 있다. 이러한 시스템이 전 세계적으로 도입되려면 각국의 법률 규제, 사회적 합의가 필요하다. 특히 블록체인 기술이 투명하고 신뢰할 수 있는 시스템으로 자리잡기 위해서는 이를 악용하려는 시도를 막기 위한 철저한 보안과 윤리적 기준이 마련되어야 한다. 월드코인Worldcoin은 이러한 결합을 잘 보여주는 대표적인 사례로, AI와 블록체인을 통합하여 혁신적인 인프라를 구축하고 새로운 형태의 경제적 참여와 사회적 신뢰를 가능하게 한다.

월드코인은 오픈AI의 CEO인 샘 올트먼이 주도하여 전 세계적인 디지털 정체성과 금융 네트워크를 구축하려는 시도다. 이 프로젝트는 월드체인World Chain이라는 블록체인을 중심으로 운영되며, 인간 중심의 웹3Web3 애플리케이션을 위한 플랫폼을 제공한다. 이 플랫폼은 AI 기반의 데이터 분석과 블록체인의 투명성 및 보안을 결합하여 사용자들에게 효율적이고 신뢰할 수 있는 서비스를 제공한다.

AI는 월드코인 네트워크에서 주로 사용자 활동을 분석하고, 데이터를 기반으로 결정을 최적화하는 중요한 역할을 한다. 이를 통해 기본소득과 같은 경제적 분배 시스템이 더욱 공정하고 효율적으로 작동할 수 있다. 예를 들어 월드코인의 블록체인은 사람들에게 기본소득을 분배하는 과정에서 AI를 활용하여 각 개인의 필요를 평가하고, 이에 따라 적절한 금액을 지급하는 시스템을 구축하고 있다. 이러한 시스템은 블록체인 기술을 통해 투명하게 관리되며, 사용자들이 자신의 기여도와 필요에 따라 공정한 보상을 받을 수 있다.

월드코인은 AI와 블록체인의 융합이 현대 경제 구조를 혁신하고 새로운 기회를 창출할 수 있는지를 잘 보여주는 사례다. AI는 데이터를 분석하고 최적화하는 데 사용되며, 블록체인은 그 데이터를 안전하고 투명하게 관리한다. 이 두 기술의 결합은 기본소득 시스템을 포함한 다양한 경제 모델에서 더욱 공정하고 효율적인 자원 분배를 가능하게 하고, 사용자가 기술 발전의 혜택을 공평하게 누릴 수 있도록 돕는다. 미래에는 모든 활동이

---

* https://cointelegraph.com/news/worldcoin-launches-human-centric-blockchain-network

데이터화되어, 데이터를 제공하고 행동을 수행한 사람들에게 블록체인 기반의 코인 형태로 보상이 분배되는 새로운 경제 체제가 형성될 것으로 예상한다.

이러한 월드코인과 같은 AI와 결합된 여러 프로젝트의 접근은 미래의 나아가야 할 방향을 제시하며, 인간 중심의 기술 환경을 구축할 수 있는 가능성을 잘 보여준다. 이는 AI가 기존과는 다른 새로운 형태의 경제적 기회를 제공하고, 사회적 가치를 창출하는 데 어떻게 기여할 수 있는지 실증하는 중요한 사례다.

이처럼 AI가 미래 경제와 사회적 행위의 전제 조건이자 인프라로 자리 잡으면, 우리는 더 이상 AI를 특별한 기술로 인식하지 않고 우리의 생활을 가능하게 하는 보편적 기반으로 받아들일 것이다. 이는 곧 AI가 독립된 기술적 존재감을 잃고, 다른 기술들과의 융합이 더욱 활발해지며, 우리의 일상에 완전히 녹아들 것이라는 의미다. 역설적으로 그때 AI는 더욱 활발하게 사용될 것이며, 우리의 삶을 혁신적으로 변화시킬 것이다.

....

블록체인(blockchain)
데이터를 안전하고 투명하게 관리하는 기술을 말한다. 블록체인을 한마디로 표현하자면 '디지털 장부'로, 전 세계 모든 컴퓨터에 분산되어 저장되며 거래나 정보의 변경이 있을 때마다 모든 복사본이 동시에 업데이트된다. 이렇게 하면 누구도 데이터를 임의로 변경할 수 없으므로 투명성과 신뢰성을 높일 수 있다. 예를 들어 비트코인과 같은 암호화폐가 블록체인 기술을 사용해 거래를 기록하고 관리한다.

월드코인(Worldcoin)
세계 모든 사람들에게 디지털 화폐를 제공하려는 목표를 가진 프로젝트다. 전 세계적으로 사람들이 경제 시스템에 참여하도록 하기 위해 설계되었다. 월드코인을 사용하면 누구나 자신의 신원을 증명하고 디지털 경제 활동에 참여할 수 있다. 블록체인 기술을 기반으로 하며, 개인의 디지털 정체성과 연결된다.

디지털 정체성(digital identity)

'온라인상에서의 나'를 의미한다. 오프라인에서 신분증이나 주민등록증을 통해 신원을 증명하듯이, 디지털 세계에서도 나를 증명하는 방법이 필요하다. 개인의 온라인 활동, 계정, 개인정보 등을 한데 모아 관리하는 방식으로 안전하게 거래하거나 서비스를 이용할 수 있다.

웹3(Web3)

인터넷의 차세대 버전으로 사용자에게 더 많은 권한과 통제를 부여하는 웹을 의미한다. 현재 사용하는 웹(Web 2.0)은 대부분의 데이터와 서비스가 중앙화된 기업에 의해 관리된다. 하지만 Web3에서는 블록체인과 같은 분산형 기술을 사용해 데이터를 분산시킴으로써 사용자들이 자신의 데이터와 자산을 직접 소유하고 관리할 수 있다.

과거와는 달리 AI의 위상이 매우 달라졌다. 믿기 힘들겠지만, 대학원에서 AI를 연구하던 시절에는 "그게 뭐냐"는 질문과 "공상과학에나 있는 거 아니냐"는 반응이 자주 돌아왔다. 하지만 지금은 AI의 장미빛 미래만을 바라보는 분위기다. 특히 챗GPT가 등장한 이후, 많은 사람들이 생성형 AI로 많은 문제를 해결할 수 있을 것이라고 믿고 있다.

물론 이러한 흐름에 동의한다. 다만, 생성형 AI가 우리가 직면한 모든 문제의 해결책이라는 생각에는 동의하지 않는다. 생성형 AI 자체가 해결책은 아니며, 특정 문제에 특화된 AI가 더 효과적인 경우가 많다. 따라서 주어진 문제와 상황에 따라 적절하게 선택하는 것이 중요하다.

필요하다면 생성형 AI를 사용하고, 특화된 AI가 더 적합한 경우에는 그 AI를 사용하는 것이 바람직하다. 중요한 것은 비즈니스 문제를 해결하는 것이며, 이를 해결하기 위한 방법으로 AI를 활용하는 것이 훨씬 효율적일 수 있다는 점을 기억하자.

이를 뒷받침하는 많은 연구가 있다. 특히, 많은 연구에서 현재 LLM의 추론reasoning 과정이 우리가 기대하는 만큼 잘 작동하지 않을 수 있다는 점을 지적하고 있다.[*] 즉, LLM이 새로운 결론을 도출하는 데 한계를 보일 수 있다는 것이다.

우리는 단어나 숫자와 같은 기호들을 명확한 규칙과 논리에 따라 처리하여 추론이나 문제 해결을 수행한다. 예를 들어 수학에서 숫자와 연산 기호를 사용해 계산을 하거나, 논리학에서 논리 기호를 사용해 논증을 전개하는 방식이다. 우리는 본능적으로 의미와 규칙을 명확하게 정의하고, 이를 기반으로 정확하고 일관된 결과를 얻을 수 있다. 이 분야의 연구에 따르면, 기호를 사용한 AI는 지식과 규칙을 명시적으로 표현하고, 이를 토대로 추론을 진행한다. 이는 사람이 논리적으로 사고하는 방식과 유사하다.

현재 LLM 모델들은 기호를 어느 정도 이해하고 사용할 수 있다.[†] 그러나 실제로는 훈련 데이터에서 가장 비슷한 패턴을 찾아내는 방식으로 작동하는 경우가 더 많다. 우리가 기대하는 것처럼 개념을 깊이 이해하지 않고, 많은 서비스가 확률적으로 학습 데이터에서 유사한 패턴을 찾아 결과를 생성하는 방식으로 동작하는 것이다.

이 과정은 단순히 단어를 외우는 것을 넘어 더 추상적인 추론 단계까지 연결할 수 있지만, 여전히 진정한 의미의 논리적 추론에는 미치지 못한다. 예를 들어 현재 대부분의 LLM은 '토큰 편향' 때문에 논리적 추론에 어려움을 겪는다.[‡] 토큰 편향이란, 입력 단어 하나만 바뀌어도 AI의 결과가 달라지

[*] Mirzadeh, Iman, et al., "Gsm-symbolic: Understanding the limitations of mathematical reasoning in large language models", arXiv preprint arXiv:2410.05229, 2024

[†] Boix-Adsera, Enric, et al., "When can transformers reason with abstract symbols?", arXiv preprint arXiv:2310.09753, 2023

[‡] Jiang, Bowen, et al., "A Peek into Token Bias: Large Language Models Are Not Yet Genuine Reasoners", arXiv preprint arXiv:2406.11050, 2024

는 현상을 말한다. 같은 수학 문제라도 단어 하나만 바꾸면 결과가 크게 달라질 수 있다는 것이다.

최근 연구에 따르면, LLM은 입력된 단어나 문장과 가장 비슷한 예시를 훈련 데이터에서 찾아내는 방식으로 작동한다는 사실이 밝혀졌다.[*] 즉, LLM은 주어진 문장을 처리할 때 그와 가장 닮은 문장을 학습 데이터에서 찾아내고, 이를 바탕으로 답변을 생성하는 방식으로 동작한다. 이는 마치 사람이 낯익은 단어나 표현을 들었을 때, 이전에 들었던 비슷한 내용을 떠올리는 것과 유사하다. 이러한 방식 때문에 입력된 단어나 문장이 조금만 바뀌어도 모델이 찾아내는 가장 가까운 예시가 달라질 수 있다.

앞서 살펴본 바와 같이 LLM은 우리가 기대한 것처럼 완벽히 동작하지 않는다. 그렇기 때문에 상황과 문제에 맞는 AI를 선택해 사용하는 것이 중요하다. 경영진, 사업 전략가, 비즈니스 전문가 중에는 이러한 특성을 잘 알지 못하는 사람이 많다. 이로 인해 LLM을 이용해 모든 문제를 해결하려다 보니 자주 좌절을 겪는다.

이 책은 LLM으로 모든 문제를 해결하라고 주장하지 않는다. 대신, 문제나 상황에 적합한 AI를 비즈니스에 적용하기 위한 일련의 단계를 나누어 서술하고 있으므로 실제 적용에 도움이 될 것이다. 나는 AI가 모든 문제의 해답이라고 생각하지 않는다. 문제나 상황에 맞는 적합한 해결책을 찾아 적용하는 것이 중요하다. 만약 AI보다 더 적합한 방법이 있다면, 그것을 활용하는 것이 바람직하다. 따라서 AI 만능주의, 특히 최근 많은 사람이 빠져든

---

[*] Li, Zihao, et al., "One-Layer Transformer Provably Learns One-Nearest Neighbor In Context", in *Proc. NeurIPS*, 38th Annu. Conf. Neural Inf. Process. Syst., 2024

LLM 만능주의를 경계할 필요가 있다.

이 책을 통해 독자들이 AI에 대해 더 친숙해지고, AI를 활용해 어떤 문제를 해결할 수 있는지 단계별로 이해했다면, 이제는 한 걸음 더 나아갈 차례다. 실제로 AI를 사용해서 세상을 변화시키는 것이다. AI는 도구로 활용되어 인류 사회를 더욱 윤택하게 만들어야 한다. 이를 위해서는 AI에 대한 깊은 이해를 바탕으로 올바르게 적용하고 그 한계를 명확히 인식하는 것이 중요하다. 무엇을 할 수 있는지에 집중하되, 무엇을 할 수 없는지도 함께 고려하자.

AI 전문가들은 특정 분야나 기업의 비즈니스 상황에 대한 이해가 부족할 수 있다. 그렇기 때문에 AI 전문가와 비즈니스 전문가가 서로 협력하여 AI가 할 수 있는 일에 집중하고, 이를 통해 혁신을 실현해야 한다. 두 그룹이 힘을 합쳐 AI 기술을 현실에 적용하여 혁신을 만들어내야 한다. AI는 아직 추론 능력이 부족하므로, 인간의 지혜와 지식을 바탕으로 다양한 논리적 추론을 할 수 있도록 해야 한다. 기술적으로는 기호주의와 연결주의의 결합이 필요하다. 쉽게 말해, 기호주의는 명확한 규칙을 따르는 것이고, 연결주의는 경험을 통해 배워나가는 것이다.

이 둘을 결합하면 AI가 규칙도 알고 경험도 활용하여 더 똑똑하게 작동할 수 있다. 그러나 이 둘을 결합하는 연구는 복잡하고 시간이 오래 걸린다. 하지만 우리에게는 '인간'이라는 훨씬 친숙하며 상대적으로 효율적인 대안이 있다. 오랜 연구 없이 인간과 AI의 협력만으로도 이와 비슷한 수준의 성과를 이룰 수 있다.

따라서 우리는 AI의 강점과 인간의 지혜를 결합하여 새로운 가치를 창출해야 한다. AI는 방대한 데이터를 처리하고 패턴을 인식하는 데 뛰어나지만, 복잡한 판단이나 창의적인 문제 해결에는 여전히 인간의 역할이 중요하다. 이러한 협업을 통해 우리는 더 나은 솔루션을 개발하고, 사회의 다양한 문제를 해결할 수 있을 것이다.

최근 AI 기술은 크게 발전하여 많은 사람의 기대를 충족시킬 수 있는 수준에 도달한 것으로 보인다. 이러한 기술의 발전은 사람들의 삶을 더욱 편리하고 풍요롭게 만들 잠재력을 가지고 있다. 하지만 그 잠재력을 현실로 바꾸기 위해서는 독자 여러분의 노력과 창의력이 필요하다. 이 책이 여러분의 AI 트랜스포메이션 여정을 끝까지 함께할 수 있길 바란다.